26. 2. 88 Nürnberg

Linderholm · Weißer Biber auf dem Kriegspfad

Helmer Linderholm

Weißer Biber auf dem Kriegspfad

Blanvalet Verlag

Originaltitel: På Krigets Röda Stig
Originalverlag: Tidens Förlag, Stockholm
Aus dem Schwedischen von Lieselott Baustian
Einband und Vignetten: Heinz Bogner

München 1980/54321
Gesamtherstellung: Mohndruck Graphische Betriebe GmbH,
Gütersloh
ISBN 3-7645-0250-9 · Printed in Germany

1. Kapitel

Die Sonne ging über dem hellen, breiten Fluß unter, und mein Dorf mit den großen, gewölbten Hütten und rindenbedeckten, braunen Dächern lag wie ausgestorben da. Die Bewohner hatten die Luken über den Rauchlöchern schon geschlossen und sich zur Ruhe gelegt. Nur noch ein paar junge Männer sahen schweigend zu, wie wir einen leichten Einbaum auf morsche Stellen überprüften. Wir kontrollierten, ob Paddel, Leinen und die Schöpfgefäße aus Rinde, ja ob überhaupt alles gut im Stande war. Und dann beluden wir das Kanu mit unserem Gepäck und setzten es nach der wortlosen Anweisung unseres Führers, eines hochgewachsenen, narbigen Mannes, behutsam ins Wasser.

Nachdem er einen Augenblick gelauscht hatte, machte er eine Handbewegung, und wir glitten mit unserem Boot durch das hohe Schilf langsam flußaufwärts.

Inzwischen wimmelte es am Flußufer von neugierigen Kindern. Plötzlich aber wurden sie abgelenkt. Sie hatten ein anderes Boot entdeckt.

»Ein Boot mit weißen Männern! *Voapsits!* Bleichgesichter!«

Die Vorhänge von den Hütten wurden nun zurückgerissen, und braunhäutige Frauen und Männer drängten heraus. Die Frauen trugen kniekurze Fellröcke, die Männer nur einen um die Hüfte geschlungenen *kuivan*, der ihnen wie eine bestickte Schürze vorn und hinten über den

Gürtel hing. Bald hatten sich über hundert Leute zwischen dem langgestreckten Bootshaus und den runden, braunen Badehütten, die am Ufer halb eingegraben waren, eingefunden. Hier und da blitzte eine Büchse oder ein Bogen auf, doch sie gehörten zur Ausrüstung der Jäger und galten nicht Angriff oder Verteidigung.

Als letzten sahen wir den alten Friedenshäuptling Tamenund aus seiner farbenprächtigen Hütte treten. Er hatte sich seinen Festmantel aus Biberfell über die Schulter geworfen. Über seinem Arm hing der weiße Gürtel aus Tausenden von hellen Wampumperlen, den ein großer Stern, Zeichen des Friedens und des Ratsfeuers, zierte.

Lange bevor das fremde Boot in Sicht kam, hörte man schon die schweren Ruder klatschen. Die Indianer lächelten geringschätzig über die mit solchem Lärm daherkommenden Weißen. Dann tauchte das Boot hinter der Flußbiegung auf, so daß es alle sehen konnten. Es war ein Bleichgesichterboot aus zusammengefügten Brettern, in dem die rudernden Männer mit dem Rücken zur Fahrtrichtung sitzen.

Von unserem Kanu aus, das jetzt versteckt im Schilf lag, sahen wir, wie der fremde Steuermann seine Hand hob und die Kupferhäute am Ufer freundlich zurückwinkten. Ein paar wateten hinaus, um das Boot an Land zu ziehen, damit die Männer leichter aussteigen konnten. Der älteste unter ihnen, ein gebückter, grauhaariger Mann, grüßte Tamenund mit erhobener Hand. Er redete in der Sprache seiner schwedischen Ahnen und ließ hin und wieder ein paar Brocken der Lenape-Sprache einfließen. Am besten konnten ihn noch die Alten verstehen.

»Ich weiß nicht, ob ihr mich noch kennt. Ihr seid schon so lange aus unserer Gegend weg. Ich heiße Henrik Bure, und dies sind mein Bruder und sein Knecht. Wir sind gekommen, um mit einem Verwandten, einem Jungen, zu sprechen, den ihr als Säugling bei euch aufgenommen habt, nachdem seine Eltern an den Pocken gestorben waren. Vor drei Jahren hat er, Lars Tomasson Bure, dann bei uns Schutz gesucht, weil er einen Irokesenhäuptling, der sich unverschämt gegen euch benommen hatte, verwundet haben soll. Daß wir gut für den Jungen gesorgt haben, kann ich beteuern. Ja, wir haben ihm sogar nicht einmal etwas in den Weg gelegt, als er im letzten Jahr heimkehren wollte, weil es ihm bei euch doch am besten gefällt. Aber der Pfarrer und die Nachbarn haben uns beschimpft, daß wir ihn nicht zurückgehalten haben. Als ob man so einfach mit ansehen kann, wie ein Mensch, mit dem man nahe verwandt ist, immer trauriger wird und fort möchte!«

Nachdem er sich seine Hände umständlich am Hosenboden abgewischt hatte, nahm er einen Beutel aus dem Boot und legte ihn vor Tamenunds Füße.

»Und darum sind wir, Jonas Bure und ich, jetzt gekommen. Wir möchten den Jungen gern einmal wiedersehen und hören, wie es ihm geht. Ich nehme doch an, daß er bei euch die gleiche Freiheit wie bei uns genießt und zu uns zurückkehren kann, wenn er will.«

Die Indianer, die sich nun wegen der Nachtkühle in ihre Bären- und Bibermäntel gehüllt hatten, senkten die Köpfe und schwiegen. Offenbar wußten sie nicht recht, was sie antworten sollten. Henrik Bure hatte inzwischen den Beutel geöffnet und zeigte, daß er so wertvolle Dinge wie Eisennägel und Bleikugeln enthielt.

»Dies überreichen wir euch als Freundschaftsgeschenk. Der Junge hat uns erzählt, wie gut er es bei euch hat. Und unser und euer Volk sind ja alte Freunde. Schon zur Zeit meines Vaters, als Königin Kristina noch in unserem alten Heimatland regierte, haben wir Schweden ja schon hier am Delaware-Fluß gelebt. Ihr habt in bester Absicht gehandelt, als ihr den Jungen bei euch aufnahmt. Und das haben wir auch getan, als wir ihn in unser Haus kommen ließen und zu erziehen versuchten. Aber er hat sich nach euch gesehnt, und da haben wir ihn gehen lassen. Jetzt ist, wie schon gesagt, über ein Jahr vergangen, ohne daß wir etwas von ihm gehört haben. Seine Tante und seine Kusine haben Angst, es könnte ihm was passiert sein. Denn er hat fest versprochen, daß er wiederkommen und uns erzählen würde, wie es ihm geht. Wir haben immerzu gehofft . . .«

Er schluckte und blickte zu Boden, Onkel Jonas nickte zustimmend. Tamenund streckte seine Hand aus und lud sie ein, an seiner Seite auf dem Bärenfell Platz zu nehmen. Nachdem er feierlich seine langstielige, verzierte Friedenspfeife angezündet hatte, hob er sie zu den Wolken, ehe er den heiligen Rauch in alle Himmelsrichtungen blies. Huldigung und Opfer für den allmächtigen Manitou, der die ganze Welt erfüllt. Dann reichte er sie erst dem älteren Bure, der umständlich versuchte, es ihm nachzumachen, um damit dem Nachbarvolk seine Achtung zu erweisen. Aber ehe er sie nahm, bekreuzigte er sich heimlich, danach gab er sie an Onkel Jonas weiter.

Tamenund holte eine lange Wampumperlenkette hervor und legte sie ihm als Gegengabe aufs Knie. Dann stellte eine Frau, die die Besucher traurig ansah, eine große Schüssel mit dampfender Bohnensuppe und dicken Fleischstückchen vor sie hin. Die Schweden bemühten sich, ruhig und langsam davon zu essen. Denn sie wußten, daß jede Eile unhöflich gewesen wäre.

Währenddessen blickte Tamenund grübelnd über ihre Köpfe hinweg auf den Fluß. Seine Blicke versuchten, in das dunkle Schilf einzudringen, als erhoffte er sich dort in der Finsternis Antwort auf eine schwierige Frage.

»Das ist Shuntaka, die Ziehmutter eures Verwandten«, erklärte er dann, auf die Frau weisend, die ihnen die Suppe angeboten hatte. »Sie hat schwere Sorgen gehabt, möchte sich aber bei euch dafür bedanken, daß Amisko, was in unserer Sprache Bure oder Biber bedeutet, zu ihr zurückkommen durfte. Sie hat ihren Mann schon vor mehreren Wintern bei der Jagd hinter den Bergen im Westen verloren. Und ihr ältester Sohn Tanganoan ist vor zwei Wintern gegen unsere alten Todfeinde, die Katavber, auf den Kriegspfad gezogen. Er hat die Irokesen auf ihrem Kriegszug begleitet. Damit wollte er seinen kleinen Bruder Weißer Biber von ihrer Rache freikaufen. Aber bis jetzt ist Tanganoan nicht vom roten Pfad zurückgekehrt.«

»Er hat sich geopfert, damit mein weißer Junge sicher leben kann«, bestätigte die Frau traurig. »Sie sind beide gute Söhne gewesen. Ein ganzes Jahr lang war Amisko meine Stütze. Er ist ein guter Jäger und hat schon einen Wapitihirsch und einen Schwarzbären erlegt. Und er hat allein in der Wildnis gebetet und gefastet und sich die Gnade des Allmächtigen erworben. Seine Sippe, die Biber bei den aufgestauten Teichen, schenkten ihm einen starken Schutzgeist. Er trägt auch schon den heiligen Beutel der erwachsenen Männer auf seiner Brust, obwohl er noch keine fünfzehn Winter gesehen hat.«

Während die beiden Schweden die Frau fest anschauten, streckte Henrik Bure zögernd seine Hand aus, als hätte er gern ihre Hand ergriffen. Dann hustete er verlegen. »Ja, bei der Waldarbeit ist er immer ein tüchtiger Junge gewesen«, murmelte er. »Es freut uns, daß er sich auch hier einen guten Namen macht. Aber wozu sich auch sorgen. Oder . . . oder ist dem Jungen etwas passiert?«

Darauf wandte sich die Frau ab, um sich mit ihrem fransenbesetzten Schultertuch aus Rehhaut die Tränen zu trocknen. Mit zitternder Hand zeigte sie dann auf den Fluß, wo wir vier von unserem Kanu aus alles sehen und hören konnten, was im Schein des Feuers am Ufer vor sich ging.

»Mein Sohn Weißer Biber konnte es nicht länger ertragen, daß die Seele seines Bruders Tanganoan bei den Katavbern gefangen ist. Nachts hörte er die tote Seele jammern und klagen. Da hat er sich selber die Kriegsfarben aufs Gesicht gemalt und ist auf den blutigen Pfad gezogen. Er will den Tod seines Bruders rächen und seine Seele befreien. Wir wissen nicht, ob wir ihn jemals wiedersehen werden.«

Tasche

2. Kapitel

Ganz still war es um das Lagerfeuer geworden, das auf dem Versammlungsplatz der Indianer brannte. Die Lenape rührten sich nicht, und die weißen Männer saßen wie gelähmt. Der älteste, ihr Wortführer, wischte sich die Augen, schneuzte sich und ließ schweigend den Kopf hängen. Und nachdem Jonas Bure lange in den tränenverhangenen Blick der Lenapenfrau geschaut hatte, nahm er ihre Hand und drückte sie.

»Heißt das, soll das heißen, daß wir den Jungen nie wiedersehen werden? Ist er denn in seinen sicheren Tod gelaufen?«

Die Frau senkte den Kopf.

»Wir hatten kein Recht, ihn zurückzuhalten. Er denkt die Gedanken eines erwachsenen Mannes. Und sein Schutzgeist hat ihm befohlen, auf den Kriegspfad zu ziehen und die Seele seines Bruders zu befreien.«

Verständnislos starrte der Schwede sie an.

»Das begreife ich einfach nicht. Er ist doch noch ein Junge! Und zieht in den Krieg!«

»Vielleicht ist es töricht, vielleicht sogar eine Gefahr für unser ganzes Volk«, räumte Tamenund müde ein, während er von seinem Ehrenplatz über den Fluß spähte, als erwarte er von dort ein geheimes Zeichen.

»Wenn auf dem roten Pfad Blut fließt, kann daraus ein Krieg entstehen, der unser eigenes wie auch das Volk der Katavber, das Volk der niederträchtigen Plattköpfe aus dem Süden, vernichten kann. Aber viele von uns sind insgeheim stolz darauf, daß es jemanden gibt, der unsere Heimat verteidigen will. Denn anders wird es keinen Frieden geben. Die Irokesen ziehen aus, um ihre Niederlage zu sühnen – doch die Katavber rächen sich lieber an uns als an denen, die überall gefürchtet sind.«

»Ich hoffe, Amisko wird den Plattköpfen beibringen, uns zu fürchten und künftig in Frieden leben zu lassen«, erklärte die Frau erhobenen Hauptes.

Doch Tamenund schüttelte zweifelnd den Kopf. Dann stand er auf und zeigte auf den dunklen Fluß.

»Ich werde rufen, daß sie umkehren sollen! Und sie auffordern, das Ganze noch einmal zu überdenken und bei uns zu bleiben. Soll doch das Gericht der Bleichgesichter unseren Streit mit den Katavbern schlichten ... Schau her, Amisko! Deine Svanaker-Verwandten sind gekommen und wollen dich sehen!«

Inzwischen war dunkle Nacht. Wie eine schwarze Wand stand der Wald hinter den Feldern und Obstgärten der Indianerhütten, und auf dem Fluß konnte man nur ein schimmerndes Gekräusel erkennen, als unser sonst unsichtbares Kanu leise stromaufwärts glitt.

»Ist er denn die ganze Zeit da draußen gewesen? Und nicht einmal hergekommen!« rief Jonas Bure und lief ans Ufer. Er schaute angestrengt über die Wasserfläche, kehrte dann aber kopfschüttelnd zurück.

»Das kann doch wohl nicht möglich sein!«

»Doch. Denn kehrt er um, ohne seinen Fuß auf den Kriegspfad zu setzen, dann erzürnt er den roten Geist des Krieges und bringt Unglück mit nach Haus. Er hat euch bestimmt gehört und gesehen, wollte aber nicht zurückkommen. Aber eines Tages wird er euch sicher besuchen und alles erzählen, was er erlebt hat.«

Als der Schwede jetzt wieder seinen Kopf schüttelte, hätte man den Eindruck haben können, das Ganze ginge über seinen Verstand. Doch dann wandte er sich an Shuntaka und fragte: »Aber wie konnte er euch denn im Stich lassen? Wo er doch als euer Versorger zu euch zurückgekehrt ist und Wild und Fische für euch beschaffen wollte? Um des Toten willen kann er doch nicht euch Lebende einfach vergessen! Eigentlich habe ich geglaubt, mein Neffe hätte mehr Verantwortung gelernt!«

Doch Shuntaka erwiderte auf die Vorwürfe des Schweden: »Weißer Biber gehört jetzt zu den Erwachsenen. Und damit ist er seinem Volk ebenso verpflichtet wie seinem toten Bruder. Bevor er uns verlassen hat, hat er auch noch so viel Wild für uns gejagt, daß wir gut bis zum nächsten Sommer durchkommen. Dann ist der Krieg bestimmt zu Ende, und alle sind wieder zu Hause, falls . . .«

Um das unglückbringende Wort nicht auszusprechen, schlug sie sich schnell mit der Hand auf den Mund, doch alle errieten, was sie eigentlich hatte sagen wollen.

Tamenund, der noch immer hochaufgerichtet Ausschau hielt, schien weit hinten auf dem Wasser etwas gesichtet zu haben. Darauf wandten sich die Schweden in die gleiche Richtung, suchten aber vergebens nach uns.

»Ist Lars wirklich da draußen? War ganz in unserer Nähe und ist dann einfach davongefahren?«

»Bei uns wird keiner daran gehindert, seinem eigenen Willen zu folgen«, erklärte Tamenund. »Aber wenn uns der Geist des allmächtigen Manitou einen schweren und gefährlichen Weg weist, dann wissen wir, daß wir seiner Aufforderung gehorchen müssen, ohne uns umzuschauen. Amisko ist davongerudert, weil er die Seele eines roten Mannes besitzt, wenn auch seine Haut so bleich ist wie eure. Wenn er zu euch zurück möchte, werden wir ihn nicht daran hindern. Wie ihn jetzt auch niemand davon abgehalten hat, auf den Kriegspfad zu ziehen. Denn er will den Geist seines Bruders befreien, der zu ewiger Sklaverei verurteilt ist, weil sein Skalp weit hinter dem Lorbeerberg und dem Todesschattenwald in der Hütte eines Katavbers hängt. Einen ganzen Mondumlauf nach Süden geht der Todespfad, und die meisten kehren nicht von ihm zurück.«

Seine mächtige Stimme erreichte uns noch, als wir unser leichtes Boot schon eine Weile nach Süden, in die Richtung des Todes, gesteuert hatten. Ich, Weißer Biber, fühlte, wie mir die Tränen kamen, gleichzeitig spürte ich aber auch eine Wärme, die der kleine, bestickte Brustbeutel ausstrahlte, den Shuntakas Hände mit soviel Sorgfalt geschmückt hatten. Er enthielt die Gaben, die Bruder Biber, mein Schutzgeist, mir geschenkt hatte. Und jetzt mahnte er mich, nicht länger zu verweilen.

Ohne mich umzublicken, spürte ich die Nähe meiner drei Kameraden, die genauso wie ich entschlossen waren, unser Volk zu verteidigen.

Weil sie mein Gesicht nicht erkennen konnten, sahen sie nicht, daß ich weinte, ich, Amisko, der Biber, der einmal Lars Tomasson Bure geheißen und schwedische Eltern gehabt hatte. Sie bemerkten die Tränen nicht, die auf meine mit den heiligen Kriegsfarben bemalte Brust herniederrannen. Aber trotz meiner Traurigkeit führte ich das Paddel ebensogut wie meine Kameraden.

Doch wieviel lieber hätte ich zu Hause am Feuer gesessen und Shuntakas prächtige Bohnensuppe gegessen, mich mit Onkel Jonas und Onkel Henrik unterhalten und erfahren, wie es meiner Kusine Katrin und Mutter Gertrud ging.

Statt dessen drangen wir mit jedem Ruderschlag tiefer in die Dunkelheit ein. Und die Nacht um uns herum wurde immer kälter und finsterer. Wir hörten nur das leichte Rauschen des Kielwassers und weit entfernt, wie aus einer anderen Welt, die Geräusche aus dem Dorf, wo die Menschen miteinander sprachen, sangen und vor Freude über den Besuch die Trommeln schlugen. Vor uns auf dem Fluß lagen nur schwarze Finsternis und ein unheimlicher Schleier, der gespenstisch über dem Wasser tanzte.

Lauerte hier schon *pauguk*, der grüne Todesgeist? Folgte er uns, um seinen vernichtenden Atem auf uns zu blasen? Sollten wir auf unserem tollkühnen Zug gegen einen so mächtigen Feind wie das Volk der Katavber umkommen?

Ich überlegte mir, was wohl die anderen drei fühlten und dachten. Dicht hinter mir hörte ich Haggo, den Hirsch, manchmal vor Beklommenheit und Müdigkeit leise keuchen. Er war in seinem jugendlichen Übermut mitgekommen, um sich einen Skalp zu erwerben, der ihm Glück und Erfolg schenken sollte.

Und wie einen Fels sah ich Kitomackens breiten Rücken vor mir. Er, der Starke Bär, war unser Führer. Früher war er der *iila*, der Kriegshäuptling unseres Dorfes, gewesen, hatte sein Amt aber dann niedergelegt. Denn unser Volk hatte auf den Rat unserer weißhäutigen Quäkerfreunde eingeschworen, immer auf dem Pfad des Friedens zu bleiben.

Trotzdem hatte Kitomachen jetzt gelobt, unseren Zug anzuführen. Vielleicht weil wir in den Augen der Weißen immer noch die Schuld für viele Überfälle und Diebstähle trugen, die von den Katavbern am Delaware-Fluß begangen wurden.

Ganz hinten saß Pajakok, der Bergdonner. Auch er ein alter, erfahrener Krieger, der in seiner Jugend gegen die Irokesen und auch gegen die Katavber auf den Kriegspfad gezogen war. Seit er im letzten Jahr Witwer geworden war, mochte er nicht mehr zu Hause sein. Er sehnte sich nach den Abenteuern seiner Jünglingsjahre.

Hinter uns verschwand der Widerschein des Feuers aus meinem Heimatdorf, wo sich meine kupferhäutige Ziehmutter und mein weißhäutiger Onkel wünschten, ich sollte umkehren und zu ihnen zurückkommen. Doch trotz aller

Sehnsucht bewegte ich meinen Körper die ganze Zeit im schnellen Takt der Paddel. Und unser Boot strebte lautlos, leicht und in Windeseile wie ein Wasserläufer seinem unendlich fernen Ziel entgegen.

Um mich abzulenken, überprüfte ich im Geiste meine Ausrüstung. Da war das Bündel mit Bärenblasen voll *rokahominy*, getrocknetem und kleingeschnittenem Wildfleisch, gemischt mit Ahornzucker und Maismehl. Das würde mich mindestens einen halben Mondumlauf ernähren. Dann die Büchse, die ich einmal von Onkel Henrik bekommen hatte, mein Pulverhorn und ein Beutel, der mit neu gegossenen Kugeln gefüllt war. Doch die wollte ich nur benutzen, falls wir überfallen würden.

Jagen wollte ich mit meinem großen Nußbaumbogen und dem Köcher, in dem vierzig scharfe Pfeile mit Eisenspitzen steckten. In meiner Tasche hatte ich Feuerstein und Zunder, auch einen Beutel, in dem man zwischen zwei Muschelschalen die Glut von einem Lagerplatz zum anderen tragen konnte. Dazu kleine, aus Knochen gefertigte Dosen mit schwarzer, goldener und roter Farbe für die heilige Bemalung von Gesicht und Körper. Und Fett und Galle vom Bären gegen kleine Wunden und Insektenstiche. Außerdem heilende und heilige Kräuter und Wurzeln gegen andere Krankheiten und Verletzungen.

Ja, ich war so gut ausgerüstet, wie man es nur sein konnte. Aber ich war unglücklich und sehnte mich wie ein Kind zurück. Ich hätte gern die weißhäutigen Verwandten wiedergesehen. Erinnerungen kamen auf. Erinnerungen an die süßen Brezeln, die Tante Gertrud in Fett backte, an Käse und Butter auf ihrem dunklen Roggenbrot.

Unsere Ruder trieben das leichte Kanu mit jedem Schlag eine halbe Manneslänge durch das Wasser voran. Kitomacken saß wie ein Stein. Kein Tropfen Schweiß. Ich und Haggo hingegen keuchten und schwitzten um die Wette. Wir mußten noch die Wälder erreichen, um bis zum

Morgengrauen ein Versteck zu haben. Vor allem durften keine Fremden ahnen, daß hier eine Schar auf dem alten Pfad unterwegs war, der sich vom Irokesenland durch die dunklen Waldtäler des Todes zieht, dann durch die windigen Schluchten des Schneegebirges führt und in den Tälern der Katavber endet.

Plötzlich wandte Kitomacken keuchend seinen Kopf zur Seite: Er hatte unter einem Walnußbaum am Ufer eine Gestalt entdeckt. Sollte es meine Simudaikain, was Die im Wald bedeutet, sein? Sie hatte sich oft meiner angenommen. Ihr Schutzgeist hatte ihr das Leben einer gewöhnlichen Frau verboten, sie sollte es ganz allein jagend im Wald verbringen, bis sie eines Tages dem schrecklichen Todesgeist Nackter Bär begegnen würde.

Darum hatte sie nicht die Frau meines Bruders Tanganoan werden wollen. Und dieser hatte in der Hoffnung, sich einen Skalp zu erobern, das stärkste Zaubermittel, um Macht über eine Frau zu erlangen, sein Leben im Kampf gegen unsere furchtbaren Feinde im Süden verloren. Für meine gute Kleine Tante, deren Bogen sicherer traf und die den Spuren besser folgte als viele erfahrene Jäger.

Winkte sie uns dort ein letztes, leises Lebewohl zu?

Es beruhigte mich zu wissen, daß Simudaikain daheim war. Denn wenn alles Wild, was ich nach Hause gebracht hatte, verzehrt war, würde sie dafür sorgen, daß meine Familie bekam, was sie zum Leben brauchte. Und dann würde auch mein kleiner Bruder Dikop, der Kleine Lachs, allmählich so weit sein, daß er genügend Kleintiere beschaffen konnte.

Sie waren also versorgt.

Im Osten tauchte eine weiße Linie am Horizont auf. Kitomacken paddelte langsamer. Dann ließ er unser Boot in ein Schilffeld gleiten, vorsichtig an den Halmen vorbei, damit sie sich hinter uns wieder aufrichteten und unseren Schlupfwinkel verbargen. Wir wateten zu einer kleinen, im

Schilf gut versteckten Sandbank. Meine Arme hingen schlaff hinunter, mein Herz war traurig, und in meinem Magen lag ein schwerer Stein. Hundert schweigende, kalte und gefährliche Nächte lagen noch vor uns, ehe ich wieder in Mutter Shuntakas Hütte sitzen würde. Wenn wir überhaupt jemals dorthin zurückkehrten.

Aber ich versuchte, mir nichts anmerken zu lassen. Wir hüllten uns in dem kalten Boot in unsere Felle, rieben uns gegen die Mücken mit Bärenfett ein und schliefen fest bis zum Morgengrauen. Denn wir mußten Kräfte sparen und klug und umsichtig bleiben.

Wir waren zwar noch in unserem eigenen Land, doch auch hier konnten uns schon Späher sichten, wenn wir uns nicht vorsichtig genug verhielten.

Maske

3. Kapitel

An einem der folgenden Abende gönnten wir uns ein Lagerfeuer. Wir hatten eine abgelegene, tiefe Talsenke erreicht, wo dichte, hohe Tannen ihre Zweige herniederhängen ließen. Wir waren fern aller Pfade, die unser Volk gewöhnlich benutzte. Kitomacken hängte einen Messingkessel mit Wasser, ein paar Händen voll *rakohominy* und dem Fleisch von einigen Eichhörnchen über die Glut.

»Wenn wir morgen den Großen Kriegspfad erreicht haben«, erklärte er dann und zündete sich seine Pfeife mit einem glimmenden Zweig an, »werden wir nicht länger nach Westen, sondern nach Südwesten ziehen. Ab morgen müssen wir uns dann wirklich in acht nehmen. Wenn ihr für unseren Tagesbedarf sorgt, dürft ihr das nie gemeinsam tun. Und niemals Spuren hinterlassen. Dies ist jetzt eure letzte warme Mahlzeit auf unserem ganzen Zug. Meinen Kessel verstecke ich hier am besten, bis wir zurückkommen. Denn wenn wir zu Fuß gehen und kein Feuer machen, ist er nur eine unnötige Last. Außerdem werden wir viel langsamer als bisher vorwärtskommen, uns aber viel mehr vorsehen müssen. Bisher mußten wir uns nur schnell und unbemerkt an den Dörfern vorbeischleichen. Nun aber liegen Gefahren vor uns, die mit jedem Tag größer werden.«

Und dabei war dies erst der Anfang.

Wir hatten das Boot mehrere Tage auf unseren Schultern zum Susquehanna-Fluß getragen, waren dann Nacht für Nacht nach Süden gerudert; jetzt hatten wir das Kanu versteckt und mußten auf steilen Pfaden immer weiter in die Wildnis vordringen. Hinter dem nächsten kleinen Fluß sollten wir unseren Kriegspfad erreichen.

Wir redeten kaum miteinander, aus Angst, daß schon unser Flüstern Aufmerksamkeit erregen könnte.

War heute ein besonderer Abend? Feuerschein und Wärme, beruhigender Tabakrauch, eine schöne, kräftigende Suppe taten uns wohl nach so vielen kalten, rohen Fischmahlzeiten.

Wir wußten, daß jeder seine Sachen nehmen und still davonschleichen konnte, ohne daß die anderen ihn daran hindern würden. Niemand trieb uns vorwärts. Nur unser eigener Entschluß ließ uns dem gefährlichen Pfad immer weiter folgen.

Kitomacken rauchte ruhig und gelassen. Er schien alle Unruhe hinter sich zu haben und dem neuen Tag erwartungsvoll entgegenzusehen. Aber dafür war er ja auch unser *iila*, unser Kriegshäuptling, und kannte den Kampf aus zwanzig Kriegszügen . . .

Ein starker, nie ermüdender Mann, dessen Haare noch immer schwarz waren. Es sah aus, als träumte er beim Rauchen, doch dann blickte er plötzlich sorgenvoll zu uns herüber hob warnend seine Hand und sprach noch einmal mit uns.

»Jetzt ist der Zeitpunkt gekommen, wo wir uns überlegen müssen, ob wir weiter wollen oder nicht. Die Todesgefahren rücken jeden Tag näher. Ich habe zwar genug hinter mir und bin immer heil davongekommen, doch ich mag nicht töten, nur um mit einem frischen Skalp zu prahlen.

Wenn ich jetzt in den Krieg ziehe, dann nur, um gegen ein Volk zu kämpfen, das mein Volk geschlagen hat. Ich kann aber ebensogut allein gehen. Das habe ich früher auch getan.

Schaut euch meine Hände an! Ohne zu zittern, können sie jemandem das Messer ins Auge stoßen. Meine sicheren Hände, meine starken Sehnen und mein Schutzgeist haben mir in allen Gefahren geholfen. Aber könnt ihr jungen und unerfahrenen Männer eure Feinde auch so rasch kampfunfähig machen wie ich? Und könnt ihr sicherer schießen und euch besser verstecken als die, gegen die ihr auszieht? Das weiß niemand, bevor er nicht in *pauguks* böse Augen geblickt hat. Nur allzuoft habe ich mitansehen müssen, wie Jünglinge erstarrten und sich widerstandslos erschlagen ließen, wenn sie dem Tode unmittelbar gegenüberstanden. Das möchte ich nicht noch einmal erleben.«

»Ich weiß nicht, wie ich vor *pauguks* tötendem Blick und seinen vernichtenden Pfeilen bestehen werde«, flüsterte ich mit gesenktem Kopf. »Doch ich habe die Kriegsfarben auf mein Gesicht gemalt und meinen Schutzgeist vor dem ganzen Dorf um Hilfe angerufen. Ich kann nicht mehr zurück.«

Als ich dies gesagt hatte, bekam ich solche Bauchschmerzen, daß ich mich hinlegen mußte. Ich hörte Haggo schwer nach Atem ringen. Während er seine Pfeile untersuchte, jede Unebenheit in den Schäften prüfte und die Schärfe der Spitzen kontrollierte, flüsterte er: »Ich weiß nicht, ob ich zum Töten stark genug bin. Wenn ich euch ansehe und mir vorstelle, ich begegne Menschen wie euch und soll dann mit Eisenspitzen auf sie zielen . . . Das brauche ich nur zu denken, und schon erlahmen meine Sehnen, und das Herz bleibt mir stehen.«

Verständnisvoll nickend blickte Kitomacken ihn an.

Pajakok aber lächelte mit zusammengebissenen Zähnen. Er war robuster gebaut als der *iila*, schwerer, aber auch träger. Jetzt legte er seine großen Hände auf die Knie.

»Macht euch keine Sorgen. Denn nun, wo ich immer weiter von zu Hause und von allem, was mir lieb ist, entfernt bin, da wird mein Herz mir irgendwie leichter. Und ich habe einen starken Schutzgeist, der versprochen hat, mich sicher durch alle Gefahren zu führen. Wenn der zu mir hält, dann brauchen wir uns nicht zu sorgen. Achtmal bin ich schon auf den Kriegspfad gezogen, und nie hat er mich im Stich gelassen, sondern mir immer Beute geschenkt. Waffen, Pferde, Wampum-Perlen und Pelze. Nein, vertraut nur eurem Schutzgeist, und dann wird alles gutgehen.«

»Ich bin auf meinen Kriegszügen nie sicher gewesen«, wandte Kitomacken ein. »Aber vielleicht hat mir meine Unsicherheit schon manchmal das Leben gerettet und auch das meiner Krieger, die mit mir gezogen sind.« Darauf saß er eine ganze Weile mit nach innen gewandtem Blick, so als lausche er auf etwas in weiter Ferne oder fühle etwas in sich. Dann sagte er uns durch ein Zeichen, daß wir unsere Unterhaltung fortsetzen sollten. Er aber gähnte und rollte sich vor einem Busch zum Schlafen in den Mantel.

Beinahe wäre uns gar nicht aufgefallen, daß kurz darauf nur noch sein Mantel dalag, während er selber lautlos aus ihm herausgeglitten und zwischen den Felsblöcken verschwunden war.

Erschrocken schauten wir uns an. Wir versuchten zu rauchen, tauschten bedeutungslose Worte, doch die Furcht saß uns im Nacken. Haggo fummelte so angriffslustig an seinem Messer herum, daß gar nicht mehr daran zu zweifeln war, daß er bei einem Überfall auch töten würde. Und während Pajakok still vor sich hinrauchte, umklammerten seine Fäuste schutzsuchend den heiligen Beutel. In der Dunkelheit zuckte kaum wahrnehmbar sein Rücken, gerade so, als wollte er die Angst vor spitzem Eisen, das sich in den Rücken bohrt, abschütteln . . . Auch ich spürte dieses unheimliche Ausgeliefertsein. So unbekümmert, wie ich konnte, nahm ich nun meinen Mantel und schlang ihn mir gegen die Kälte um den Rücken. Aber auch, um mich vor einem Hieb aus der Finsternis zu schützen.

Keiner von uns mochte noch reden. Mir fiel plötzlich auf, daß ich laut von meinen Schutzgeistern, dem Bibervolk, zu sprechen begann, obwohl ich doch für eine Andachtsstunde mit meinem Manitou weder gereinigt noch richtig gekleidet war.

Als Kitomacken schließlich ebenso leise auftauchte, wie er verschwunden war, atmeten wir alle auf. Er setzte sich so selbstverständlich ans Feuer, als hätte er nur kurz geschlafen, und zündete sich die Pfeife an. Dann schüttelte er zu unseren fragenden Mienen bekümmert seinen Kopf und opferte eine Handvoll Tabak in der Glut, womit er um Beistand in den uns umgebenden Gefahren bat.

»Irgend etwas ist hier. Vielleicht haben wir einen Berggeist oder sonst was aufgeschreckt. Doch es ist nichts zu sehen und nichts zu hören, und da sind auch keine Spuren . . . Aber ich kann es in meinem ganzen Körper spüren, wenn ich bespäht werde. Ich habe unseren Lagerplatz bis auf eine Entfernung umkreist, aus der uns nun wirklich niemand mehr sichten kann. Nichts! Doch war das Gefühl, daß uns jemand beobachtet, so stark in mir, daß ich einfach aufstehen und mich überzeugen mußte. Nur ein *gebier* oder ein fliegender Geist kann so dicht an uns herankommen, ohne daß ich seine Spur entdecke. Oder aber ich werde alt und fange an, mir Sachen einzubilden.«

Nachdem er die Glut zusammengescharrt hatte, damit wir am nächsten Morgen wieder Leben in sie blasen konnten, streckten wir uns zum Schlafen aus. Aber wir lagen noch lange wach und lauschten auf die Stimmen und Laute der Nacht. Ich bat meinen Schutzgeist, daß er mich vor allem Bösen bewahren möge.

Dann sprach ich zur Sicherheit noch ein schwedisches Gebet, das ich von Mutter Gertrud gelernt hatte. Ich betete zu ihrem allmächtigen Geist, den sie an ein Kreuz genagelt und in ein heiliges Haus gesperrt haben, während unser unermeßlicher Manitou alle Wälder, Himmel und Meere, ja, die ganze Welt erfüllt.

Trotzdem schlief ich ziemlich unruhig, was auch dadurch nicht besser wurde, daß Kitomacken ebenfalls wachlag und lauschte. Zuletzt schlich er sich noch einmal davon, kehrte aber wieder ergebnislos zurück.

Wiegenbrett

4. Kapitel

Wie weiße Gespenster tanzten die Nebel über dem aufgewühlten, schwarzen Wasser, in dem wir schwammen. Eiskalt war das Hineinstürzen gewesen, aber dann hatte sich schnell ein Pelz aus Gefühllosigkeit um unseren ganzen Körper gelegt. Wir meinten, schon eine Ewigkeit zu schwimmen und unser Floß vor uns herzustoßen, ohne daß wir irgendwo einen Strand oder Wald entdeckt hätten. Immer weiter kämpften wir uns durch die Strömung voran und hatten dabei die ganze Zeit das drohende Brausen der Stromschnellen in den Ohren, die immer näher kamen.

Endlich stieg eine große, dunkle Wand vor uns auf. Riesige Tannen ließen ihre mit dicken Flechten bewachsenen Zweige vor uns herabhängen. Totenstille. Als unsere Füße Grund fanden, wateten wir an Land. Im Schatten unter den Bäumen war es kühl und rauh, und ein eisiger Wind blies. Wir lösten schnell alle Riemen, die das Floß zusammenhielten, das wir mit unseren Kleidern, Waffen und unserem Gepäck beladen hatten. Dann warfen wir noch einen letzten Blick auf unser Floß, ehe wir ein Holzstück nach dem anderen davontreiben ließen, damit keiner, der den Fluß herunterkam, Verdacht schöpfen konnte.

Ich klapperte vor Kälte, nahm mich jedoch zusammen. Auch Pajakok und Haggo kauerten sich ganz klein vor dem düsteren Wald zusammen, der so viele Gefahren barg und durch den wir nun viele Tage wandern mußten. Nachdem wir uns warm gerieben hatten, zogen wir uns schnell an. Dann setzten wir uns hin und aßen direkt aus dem Beutel ein paar Handvoll Fleischmehl, das wir mit Wasser hinunterspülten. Das sättigte zwar, wärmte aber nicht und gab auch nicht Mut und Kraft wie eine warme Mahlzeit. Ich dachte an die fetten Hirsche, die hier in den Wäldern herumstreiften, an Mutter Shuntakas heiße Mais- oder Fischsuppe und spürte immer noch Hunger, obwohl ich genug gegessen hatte.

Als ich über die Schneide meines großen Jagdmessers strich, stellte ich mir vor, wie leicht sie das Fell des erlegten Wilds auftrennte. Mir fiel ein, wie man mit drei scharfen Schnitten einen Skalp ablöst, und mein eigener Scheitel bekam eine Gänsehaut. Das konnte mir ja auch passieren!

Haggo hatte etwas auf dem Wasser gleiten sehen, und er griff zu seinem Bogen. Doch Kitomacken hielt ihn zurück.

»Das ist nur ein grüner Zweig. Doch wir wollen sehen!«

Als er zu dem Zweig gewatet war und ihn genau geprüft hatte, brummte er beunruhigt und zeigte ihn uns. Er war mit einem Messer abgeschnitten!

Erschrocken duckten wir uns zusammen, doch Kitomacken warf den Zweig wieder in den Fluß zurück.

»Es muß jemand stromaufwärts sein. Aber der Zweig kann ihm nicht verraten, daß wir hier sind. Laßt uns den Fall untersuchen!«

Nachdem wir unsere Sachen zwischen den Tannen versteckt hatten, machten wir mit schußbereiten Bögen einen langen Marsch in den Wald, um zu sehen, ob jemand in unserer Nähe sei. Aber es war alles still. Nur Nebel hingen zwischen den Stämmen, schwebten und wirbelten wie Gespenster umher. Wir kehrten um.

»Irgend jemand hat den Fluß kürzlich überquert«,

murmelte Kitomacken. »Vielleicht eine Schar, die gegen die Irokesen auf dem Kriegspfad unterwegs ist – oder gegen unseren eigenen Stamm. Wenn wir ihre Fährte finden, sollten wir ihr klugerweise folgen. Denn so würden wir nicht nur echte Kriegerskalpe erobern, sondern unsere Lenape auch vor einem Überfall bewahren. Außerdem bliebe uns selber ein ganzer Mondumlauf voller Gefahren erspart.«

Während er unsicher seinen Kopf schüttelte, blickten wir verdrossen über den eiskalten, schäumenden Fluß.

»Das kann doch aber ebenso gut eine Schar Irokesen auf dem Heimweg von einem Kriegszug gewesen sein«, wandte ich ein.

Doch er hob nachdenklich einen Finger.

»Nein, wir haben uns beide geirrt. Ich habe nämlich nirgends am Ufer einen Baum gesehen, von dem dieser Zweig hätte abgeschnitten sein können. Er stammt also von der anderen Flußseite. Die Unbekannten sind auf der gleichen Fährte wie wir, doch es können nicht viele sein. Denn sonst hätten sie unseren Kriegspfad genommen, anstatt sich stromaufwärts durch die Stromschnellen zu kämpfen. Wir haben sie jetzt vor uns und können sie überraschen, da sie ja nichts von uns ahnen.«

Also nahmen wir unser Gepäck und kehrten dem wütenden Fluß den Rücken, um uns zu den schwarzen Tannenwäldern aufzumachen. Auch mitten am Tag herrschte dort unter den Bäumen grüne Dunkelheit, und alles war unheimlich. Wir litten ja nicht an der Kinderangst vor Dunkelheit, aber wir wußten, daß die Zaubermänner der Katavber ihre schlimmsten Beschwörungen hierher sandten, um Hindernisse und Gefahren vor ihren Feinden aufzurichten.

Die Bergschluchten wurden immer steiler und die Wälder heller. Keine Spur von denen, die wir in unserer Nähe vermuteten. Einmal gab Kitomacken einen halben Tag daran, damit wir an einem Bergpaß vorbeiklettern konnten, der wie ein prächtiger Hinterhalt aussah.

Abwechselnd wachten wir in der Nacht und zündeten auch kein Feuer mehr an.

Immer kahler wurden die Berge, nur noch Buschwerk und Moos und steile Felsen, zwischen denen wir hindurchkletterten. Auf einmal hallte ein schauerliches Gebrüll in den Bergwänden, und ehe wir uns besonnen hatten, war der enge Hohlweg von einem braunschwarzen Körper blockiert. Ein Bär streckte seine langen Krallen nach uns aus, riß das Maul auf, und weißer und blutiger Schaum rann über seine Lefzen. Unsere Bögen waren zwar schußbereit, doch der Abstand zu kurz. Obwohl keiner von uns vorbeischoß, fiel uns der Bär blind vor Schmerz an. Pajakok duckte sich, sprang unter den Pranken hindurch und versuchte, ihn mit seiner ganzen Kraft auf den Rücken zu werfen, während sein breites Jagdmesser bis zum Knauf in seine Rippen drang. Doch die Bärenmutter besaß eine solche Kraft, daß sie ihn wie ein kleines Kind unter sich schob. Aber da sauste ihr Kitomackens Keule auf den Schädel, und sie blieb leblos liegen.

Als wir uns keuchend und stumm nach der gefährlichen Überraschung gegenüberstanden, begriffen wir erst richtig, welche Gefahren in diesen verhexten Bergen auf uns lauerten. Kitomacken untersuchte inzwischen den Bärenkiefer von innen und wiegte beunruhigt seinen Kopf.

»Aus ihrem Maul ist Blut gekommen. Also muß sie schon jemand verwundet haben. Haltet Ausschau, hier ist irgendwo ein einzelner Jäger gewesen, auch wenn er jetzt verschwunden zu sein scheint.«

»Warum nur einer?«

»Wären es mehrere gewesen, dann hätten sie die Bärin wegen der Krallen, des Fells und des Fleisches verfolgt. Während die einen sie hinter sich hergelockt hätten, wären die anderen dann zum Schuß gekommen.«

Vorsichtig zog er unsere Pfeile aus dem Tier. Wir glichen die Steuerfedern aus, prüften, ob die Spitzen in Ordnung waren und der Schaft nicht abbrach.

»Seht mal!«

Er hatte einen abgebrochenen Pfeilschaft aus der Brust des Bären gezogen. Als wir die herzförmige Spitze sahen, meinte Haggo kopfschüttelnd: »Sieht wie eine von uns aus. Stammt vielleicht von Irokesen. Wir sollten hier lieber nicht bleiben. Denn wenn der Jäger auch allein ist, so kann er doch schnell andere herbeiholen. Ohne Gesellschaft jagt eigentlich niemand mitten im Todeswald.«

»Dann müssen wir verhindern, daß er die anderen benachrichtigt«, schlug Pajakok vor und spannte schon seinen Bogen.

So schnell wir konnten, eilten wir durch den Hohlweg. Nirgends ein Mensch. Wir sahen nur die Spuren des Bären. Aber an der engsten Stelle des Weges befahl uns der *iila* stehenzubleiben und zeigte auf den Boden.

»Paßt auf. Hier ist das erste mit Geifer vermischte Lungenblut der Bärin. Dort haben sie sich getroffen, und hier hat der Jäger an ihr vorbeigeschossen. Aber selbst ist er auch verwundet. Seht, dort drüben links sind die Blutspuren. Ohne sich einen Verband anzulegen, ist er dann davongestürzt. Er weiß also, daß wir hier sind.«

Wir liefen durch den gewundenen Hohlweg, auf dem unsere Fersen keine Abdrücke hinterließen. Nur hier und da war ein Blutstropfen zu sehen, aus dem ich schloß, daß der Verfolgte an seiner linken Seite von den Bärenkrallen verletzt sein mußte. Wäre er am Bein verwundet, hätten wir ihn schon längst aufgespürt.

Plötzlich ging es nicht mehr weiter.

Der Hohlweg endete vor einem senkrecht aufragenden Felsen. Mit offenem Mund starrten wir hinauf. Wenn man dort hinauf wollte, mußte man schon ein fliegendes Eichhörnchen sein. Trotzdem war die Blutspur verschwunden.

Nachdem wir den letzten Tropfen auf dem Boden gesehen hatten, mußte sich der Fremde wie ein Vogel senkrecht vom Erdboden erhoben haben.

»Wer immer es auch sein mag, er weiß von uns«, stellte Kitomacken fest. »Und das ist übel. Außerdem ist er vor uns und nicht vor der Bärin geflohen. Wir holen jetzt unser Gepäck und steigen durch einen anderen Hohlweg auf. Am besten nehmen wir einen, der über den Berg führt, damit wir keine Spuren hinterlassen. Denn anstatt daß wir Skalpe im Süden jagen, könnte sonst bald ein ganzer Trupp hinter unseren her sein.«

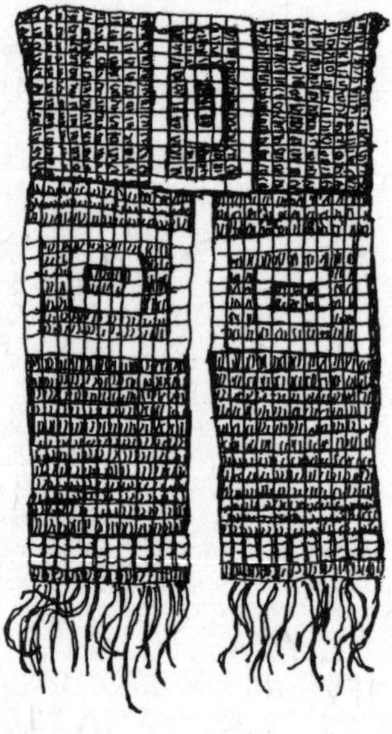

Wampum-Gürtel

5. Kapitel

Nachdem wir den düsteren Tannenwald und die kahlen Felsen hinter uns hatten, kamen wir in einen Buschwald. Hier wuchsen Steineichen, Lorbeerbüsche, Bergkiefern, Myrtensträucher und Steinbrech. Es waren Bäume dabei, die ich noch nie zuvor gesehen hatte.

Nun waren wir schon fast einen ganzen Mondumlauf unterwegs. Und die längste Zeit davon auf dem Großen Kriegspfad, der eigentlich weniger ein Pfad als ein Trampelstieg über die Berge war. Wir hätten ihn oft verloren, wenn uns nicht die Wegmarken von erfahrenen Kriegern, die ihn vor uns benutzt hatten, geführt hätten. Wir ruhten vor einem Lorbeerstrauch aus und schauten in einen kleinen Bach, der nach Süden floß. Weit vor uns lagen die blauen Täler. Dort lebten die Katavber. Die Berge rundherum waren ihre Jagdgründe. Überall konnten wir jetzt mit ihnen zusammenstoßen.

Seit wir die tote Bärin verlassen und nach einem mehrtägigen Umweg durch die Berge den blutigen Pfad nach Süden eingeschlagen hatten, war unser geheimnisvoller Verfolger nicht wieder aufgetaucht.

Trotzdem wagten wir immer noch nicht, ein Feuer anzuzünden, gönnten uns jedoch viel Ruhe. Kitomacken wollte seine Kräfte schonen, damit sie zur Jagd und einer plötzlichen Flucht reichten.

Ich legte meine Kleider ab und stieg in den kleinen Bach, um mich zu reinigen. Danach kämmte ich mein

Haar aus und schmückte es. Ich klemmte Wampumperlen in die Löcher in meinen Ohrläppchen und erneuerte meine Kriegsbemalung. Dann erst fühlte ich mich würdig, meinen heiligen Beutel zu öffnen und die Gegenstände, die mein Bibermanitou mir zu tragen befohlen hatte, auf meinem Mantel auszubreiten. Sie verkörperten den Schutz, den er mir versprochen hatte.

Da lagen der abgenagte Holzspan, der spitze Biberzahn und das gelbe Haarflöckchen des Berglöwen, der vor mir zurückgewichen war. Nachdem ich Manitou eine Handvoll Tabak geopfert hatte, bat ich um Schutz und Kraft für die heranrückenden Gefahren. Würde ich überhaupt jemanden totschlagen können? Einen Menschen, der unserem Volk vielleicht nie etwas Böses getan hatte? Mich jedenfalls nie bedroht hatte?

Ich stellte mir die Katavber als scheußliche, plattköpfige Wesen vor, dunkelhäutig, verunstaltet, grausam und bösartig, so wie ich sie vom Erzählen her kannte. Trotzdem hatte ich Angst vor einem Zusammenstoß.

Darum beugte ich mich über Manitous Geschenke und bat um Kraft. Einmal hatte alles so einfach ausgesehen. Ich wollte ausziehen und einen Feind töten, so wie man Wild erlegt, und dann mit einem Skalp am Gürtel heimkehren. Damit hätte ich meines Bruders Seele aus der Gefangenschaft befreit und brauchte nicht mehr mit Schuldgefühlen herumzulaufen.

Jetzt begriff ich langsam, was es heißt, einen Menschen zu töten. Wie Wild erlegen. Also ihn genauso grausam behandeln, wie es unsere Feinde mit vielen aus meiner Sippe in Minnesink getan hatten.

Daher bat ich Manitou, er möge mir die Kraft zur Erfüllung meiner Pflicht geben – oder sie mir erlassen.

Doch wenn ich niemanden erschlug, dann würde der Geist meines Bruders als jammernder Nachtvogel ewig um die Hütte meiner Mutter kreisen, wie ich es schon so oft gehört hatte. Ich mußte also bitten, meine Waffen einsetzen zu können. Ich breitete sie – Büchse, Bogen, Beil und Messer – um meinen Manitou aus und blies Tabakrauch über sie, damit sie an der Kraft meines Schutzgeistes teilhatten.

Als ich meinen Blick hob, sah ich in der Ferne die blauen Täler liegen. Dort sollten wir an einem Volk Rache nehmen, das dreizehn Dörfer und viele hundert Krieger zählte. Konnten wir noch glauben, daß wir wieder heil und gesund nach Hause kämen?

Doch das war schon einigen gelungen. Kitomacken, Pajakok und noch ein paar anderen.

Nun begriff ich, daß das, was wir für Kitomackens übertriebene Vorsicht gehalten hatten, im Grunde Klugheit gewesen war. Er hatte uns sehr umsichtig bis hierher geführt. Jetzt lag er auf dem Bauch und spähte durch die glänzenden Lorbeerblätter in das Land, das wir vier Männer überfallen wollten.

Dann gab er uns ein Zeichen, daß wir ihm in das feindliche Gebiet folgen sollten.

Die Bäume an unserem Weg wurden immer höher und hatten seltsam harte Blätter. Es waren meist Eichen, Walnußbäume, Kastanien und Tulpenbäume, aber auch viele andere Riesen, deren Namen wir nicht kannten. Manche, die kein Laub hatten, waren mit langen Moosarmen bewachsen, die wie graugrüne Nebel vor unseren Augen tanzten, uns die Sicht nahmen und alle Laute dämpften.

Kitomacken sprach nur noch selten. Er gewöhnte uns daran, alle Worte durch Zeichen zu ersetzen. Schon lange im voraus hatte er uns einen Plan vorgelegt, den wir auch für gut hielten. Danach sollten wir uns einem Dorf bis auf einen knappen Tagesmarsch nähern, uns dann auf die Lauer legen und warten, bis eine kleinere Gruppe zur Jagd auszog. Wir wollten ihnen dann solange folgen, bis sie ihr Lager aufschlugen, um sie dann in der Morgendämmerung zu überfallen. Denn mehr als ein Mann wachte um diese Zeit nicht, und es war auch schon hell genug für einen Angriff. Wenn wir Glück hatten, würde uns keiner entkommen. Und in den nächsten Tagen würde auch niemand sie vermissen, so daß wir einen sicheren Vorsprung hatten. Falls aber jemand doch entkommen und die anderen Dorfbewohner benachrichtigen sollte, wären wir ihnen immer noch einen Tagesmarsch voraus und könnten unsere Verfolger damit täuschen, daß wir unseren Heimweg durch das Land des Blauen Schilfs im Westen nahmen.

»Was mich betrifft, so bin ich an einem Skalp nicht interessiert«, murmelte Kitomacken. »Ich stelle euch nur meine Erfahrung als Führer zur Verfügung. Ich kämpfe nur, um mein Volk zu verteidigen.«

Sein wachsamer, leicht besorgter Blick gab auf alles acht. Die Bewegungen der Vögel, der Wind in den Baumkronen – er prüfte alles, erst dann ging es weiter.

Schließlich erreichten wir einen Weg. Einen Trampelpfad, auf dem wir unsere Fußstapfen mit vielen anderen vermengten. Als sich das Tal verengte, schlängelte sich unser Pfad zu einem Fels hinauf, von dem ein kleiner Bach hinunterfloß.

Hier führte uns der *iila*, vorsichtig von Stein zu Stein hüpfend, zu einem kleinen, von Bergkiefern umstandenen Versteck. Es lag nur ein paar Manneslängen oberhalb des Pfads. Wir verstanden sofort. Dies war ein guter Hinterhalt. Jeden, der hier vorbeikam, konnten wir schon lange im voraus sichten. Und wer hier hinaufkletterte, dessen Hände waren beschäftigt und sein Blick suchte nach einem Halt für seine Füße. Seine Waffen konnte er also nicht bereithalten. Aber der Gedanke, daß ich hier meine Blutstaufe empfangen sollte, ließ mich erzittern.

In unserem Schlupfwinkel saßen wir in guter Deckung und konnten trotzdem weit ins Land hineinschauen. Stromaufwärts öffnete es sich zu einem Wald, in dem hin und wieder ein Hirsch auftauchte, und ganz hinten zeichnete sich eine Lichtung ab. Dort mußte ein Dorf sein. Wir begriffen, daß unser Pfad von dorther kam und daß es der Weg der Katavber zu ihren Jagdgründen in den Bergtälern und auf ihren Kriegspfad in unsere abgelegenen Täler sein mußte.

Nachdem wir unsere Wassersäcke unten am Bach gefüllt hatten, wollten wir essen. Doch die Spannung, die wir Jüngeren in unserem Magen fühlten, hinderte uns daran. Kitomacken sah ich dagegen ruhig und ausgiebig speisen. Er riet uns, zur Beruhigung ein paar Tabakblätter zu kauen. Denn vielleicht mußten wir ja mehrere Tage in unserem Versteck ausharren.

Vielleicht . . .

Pajakok hielt Wache, wobei ihm im Sonnenschein der Schweiß den Rücken entlanglief.

Unten im Wald sahen wir die Vögel auffliegen und verschwinden und auch ein Eichhörnchen davonspringen.

Und dann näherten sich unsere Gegner.

Wir wählten unsere Plätze so, daß wir leicht entkommen konnten, legten unsere Pfeile auf den Knien zurecht und überzeugten uns, daß die Handwaffen griffbereit lagen.

Plötzlich hatte ich meine ganze Angst, jemanden totschlagen zu müssen, vergessen und zitterte nur noch vor Erregung. Durch die bemoosten Zweige konnten wir zwei junge Männer beobachten, die vermutlich nicht älter waren als ich. Sie bewegten sich mit der gleichen Sorglosigkeit in ihren heimischen Wäldern, wie wir es in unseren taten.

Kitomacken befahl uns schweratmend mit einem Zeichen, kein Glied zu rühren. Wir sahen immer deutlicher, wie unsere ersten Katavber, die scheußlichen Plattköpfe, auf uns zukamen.

6. Kapitel

Statt unserer *kuivans* trugen sie lange Grasgürtel zwischen den Beinen, und ihre Stirn neigte sich merkwürdig schief nach hinten. Ihre Bewegungen waren schnell und leicht. Nur ihre Füße schienen sie irgendwie härter aufzusetzen als wir. Aber sie hatten ja auch Schuhe an, die nicht aus leichtem Leder waren, sondern Sohlen aus zusammengewickelten Schnüren hatten. Wie steife Platten klebten sie unter ihren Füßen und wurden mit einem Band ums Gelenk gehalten. Die jungen Männer hatten keine Bögen, sondern nur ganz kleine Köcher. Sie hielten eigenartig glänzende Stäbe in ihren Händen, und an ihren Gürteln hingen große Messer.

Wir hörten sie leise und für uns unverständlich miteinander sprechen. Sie spähten nach Wild aus, blickten aber nicht in unsere Richtung, weil sie an den kahlen Bergwänden ringsum keine Jagdbeute erwarteten.

Kitomacken berührte mich und Haggo an der Schulter. Damit gab er uns ein Zeichen, daß wir zwei je einen Mann töten sollten, sobald sie unmittelbar unter uns angelangt waren. Er und Pajakok wollten hingegen erst schießen, falls sie zu fliehen versuchten.

Immer näher . . . Ich blickte in ihre Gesichter, die genauso jung und munter waren wie die von Tanganoan und Haggo. Keiner von den beiden trug den heiligen Beutel des erwachsenen Mannes. Doch an ihren Armen waren Kratznarben oder Tätowierungen. In meinem Magen lag ein schwerer Stein, als ich meinen Bogen schußbereit machte, und meine Sehnen wurden wasserweich.

Gleichzeitig fühlte ich, daß ich nie meinen Pfeil auf die blau tätowierte Brust der Jungen richten könnte, die ich jetzt genau erkennen konnte. So nah waren sie inzwischen herangekommen . . .

Haggos Bogen war gespannt, während ich ungeschickt herumfummeln und vorbeischießen wollte, damit Kitomacken oder Pajakok mir das Töten abnahmen. Und als ich mir das noch überlegte, da führte mein Arm die Feder schon ans Auge, und die Spitze richtete sich auf die Katavber . . .

Doch plötzlich packte Kitomackens fester Griff die Hände, die die Pfeile schießen wollten, und er drückte uns auf den Boden!

Wir begriffen nichts. Wie verhext wollte ich wieder hoch, um ein zweitesmal zu zielen, aber sein Zeigefinger fuhr mahnend an meinem Auge vorbei, und ich sank zu Boden.

Dicht unter uns, so nah, daß wir ihre lachenden Stimmen über das Wassergetöse hinweg hörten, marschierten die Jungen, keine fünf Manneslängen von uns entfernt. Als wir uns duckten, begann mein Magen vor Furcht zu zittern und wollte sich entleeren.

Während wir die jungen Männer verwirrt angestarrt hatten, war uns ganz entgangen, daß eine Kriegertruppe am Waldesrand aufgetaucht war. Mindestens ein halbes Dutzend. Große, kräftige, bewaffnete Männer mit schrecklicher Kriegsbemalung auf den Gesichtern und den nackten Körpern. Männer, die auf dem blutigen Kriegspfad nach Norden zogen.

Hätten wir geschossen, wären wir von dieser übermächtigen Schar entdeckt worden, bevor wir hätten entkommen können. Und hätten wir sie bei ihrem Vorbeimarsch überrumpelt, dann wäre ihr Kampfgeschrei von den Jünglingen bestimmt gehört worden. Sie hätten die ganze Gegend alarmiert, und wir wären bald verfolgt worden.

Hilflose Angst breitete sich wie *pauguks* schwarzer Todesschatten über uns aus, als wir uns langsam und vorsichtig niederlegten. Uns schien, als drehten die scheußlichen, plattköpfigen Wesen ihre Gesichter jetzt in unsere Richtung.

Immer näher kamen sie . . .

Als ich Pajakoks Magen auch knurren hörte, fragte ich mich, ob er wohl immer noch so fest auf seine guten Träume und seinen starken Manitou vertraute.

Dabei drückte ich meinen heiligen Beutel, bat um Hilfe und atmete tief in ihn hinein. Ich durchforschte mein Gedächtnis nach der stärkenden Melodie meines Anrufungslieds, damit mein Schutzgeist mich unterstützte, wenn der Tod zu mir kam. Doch die Angst verwirrte mich so, daß nur Shuntakas stille Hütte vor meinen Augen erschien.

Die Katavber waren inzwischen so nahe, daß sie meinen Angstschweiß hätten riechen müssen, obwohl wir uns gut mit dem Kraut eingerieben hatten, das jeglichen Menschengeruch von einem Krieger fortnimmt. Durch die Grasbüschel, hinter denen wir uns wie Schlangen zusammengerollt hatten, beobachteten wir sie.

Wenn einer nur ein paar Schritte abseits gegangen wäre oder mit seinem Bogen auf die Büsche geschlagen hätte, dann hätten sie uns entdeckt. Sie fühlten sich jedoch so sicher in ihrem eigenen Land, und unser Versteck war so unauffällig, daß uns keine Gefahr drohte.

Wir sahen ihre Rücken zwischen den Bäumen den Berg hinauf verschwinden. Jetzt hätte nur ein einziger seinen Kopf zu drehen brauchen . . . Erst als sie verschwunden waren, wagten wir wieder, Atem zu holen.

»Das macht unsere Aufgabe nicht leichter«, murmelte Kitomacken, »wenn wir diesen Haufen zwischen uns und unserem Dorf haben. Was meint ihr, sollen wir ihren Spuren folgen und ihren Lagerplatz beobachten? Die Jünglinge ziehen bestimmt in eine andere Richtung. Sie haben nur ihre Blasrohre zum Jagen bei sich. Aber nehmt euch trotzdem vor ihnen in acht! Wenn ihre Pfeile auch nicht groß sind, so können sie doch auch aus zwanzig Klafter Entfernung ganz schön verletzen. Denn sie sind nadelscharf und oftmals vergiftet.«

Aufatmend lehnte er sich dann zurück.

»Sind das nicht zu viele für uns vier?« wandte ich zweifelnd ein, schämte mich aber sofort, daß ich meine Angst ausgesprochen hatte. Doch Kitomacken nickte zustimmend.

»Ja, wir müssen viel Glück haben. Aber bei Tagesanbruch und bei guter Sicht können wir drei oder vier von ihnen töten, bevor sie aufgewacht sind. Ehe die anderen sich aus ihren Fellen gewickelt haben, sind auch sie schon von uns erledigt. Und das in ihrem eigenen Land. Außerdem ziehen sie ganz sorglos vor uns her und werden uns heute abend bestimmt mit einem hellen Feuer den Weg weisen. Dafür sollen sie auch einen anständigen Vorsprung haben. – Oder wollen wir lieber auf eine kleinere Gruppe warten? Aber es besteht immer die Gefahr, daß wir bei einer plötzlichen Flucht auf diese Gruppe stoßen. Und unsere Verfolger werden natürlich immer versuchen, uns in ihre Arme zu treiben. Erledigen wir sie aber, wird sie monatelang niemand vermissen. Wir brauchen sie ja nicht heute oder morgen nacht zu überfallen, sondern können eine gute Gelegenheit abwarten. Aber je weiter sie sich entfernen, desto wachsamer werden sie sein. Hier halten sie vielleicht noch nicht einmal Nachtwache.«

Pajakok holte tief Atem und nickte erleichtert.

»Mein Schutzgeist sagt mir, daß das Unternehmen gefährlich ist«, meinte er dann. »Er versichert aber, daß wir mit ihnen fertig werden. Und unser Volk können sie dann nicht überfallen und uns nicht mehr auf dem Heimweg bedrohen. Obendrein erbeutet jeder von uns mindestens zwei Skalpe, von der Ausrüstung einmal ganz abgesehen.«

Nach der Todesgefahr und der ganzen Aufregung fühlte ich mich vor Erleichterung wie neu geboren. Aber um das nicht zu zeigen, schlang ich schnell meinen Mantel um mich. Als ich dann meine Zustimmung geben wollte, brachte ich nur ein heiseres Murmeln heraus.

Haggo nickte nur, atmete dabei aber so schwer, als sei er eine lange Strecke gelaufen. Ich schloß daraus, daß uns wohl beiden die Furcht im Nacken gesessen hatte, als die Feinde vorbeigezogen waren.

Es kam uns viel leichter vor, diese angemalten, verunstalteten Wesen zu töten als die munteren Jungen, die nur ausgezogen waren, um ihren Eltern und Geschwistern Fleisch für die Suppe zu verschaffen. So wie wir es in unseren Heimatwäldern auch taten, vielleicht auch, ohne zu ahnen, daß wir von bösen, mordlüsternen Blicken verfolgt wurden.

Diese scheußlich bemalten Krieger konnte man vielleicht ebenso bedenkenlos wie einen Berglöwen mit dem Pfeil durchbohren . . .

Kitomacken, der einen fast unhörbaren Ruf vernommen hatte, lauschte nun so angestrengt, daß sich sein ganzer Körper spannte.

»Das ist doch nur eine Spottdrossel«, flüsterte Haggo, »ein Vogel hier aus der Gegend.«

Doch mit einer fast drohenden Handbewegung brachte ihn Kitomacken zum Schweigen. Wir sahen, daß er völlig durcheinander war, so als habe er für etwas, das seine Sinne schon lange verwirrt hatte, eine unglaubliche Erklärung gefunden. Eine Erklärung, die ihn mit solcher Freude erfüllte, daß er hin und herschwankte, tief atmete und . . .

Seine Züge nahmen wieder die auf alles gefaßte Wachsamkeit an. Und wieder flötete die Spottdrossel. Diesmal anscheinend vom Himmel oder hoch oben vom Berg herab. Eine so klare Drosselstimme, die niemand von der einer gewöhnlichen Drossel hätte unterscheiden können, wenn sich nicht ihr Schlußtriller zu einem gellenden Angstpfiff, zu einem Warnschrei gesteigert hätte!

Als ich zu dem Steilhang hinaufblickte, wurde alles dunkel. Ich sah einen Haufen von Männern und Waffen, der sich zu uns herunterstürzte. Ich sah in *pauguks* vernichtenden, haßerfüllten Todesblick!

Flöte aus Adlerknochen

7. Kapitel

Wie ein tosender Wirbel war es. Tausend Dinge passierten gleichzeitig. Von der Felswand stürzte ein Durcheinander von scheußlich bemalten Gestalten mit erhobenen Waffen. Darunter sah ich auch die beiden Jünglinge ihre Blasrohre schwenken. Aber mein rechter Arm rührte sich nicht, wollte nicht den Bogen spannen! Kitomacken brüllte seinen fürchterlichen Kriegsruf, wobei seine Stimme aber merkwürdig erstickt klang. Eine glänzende Pfeilspitze steckte unter seiner linken Schulter . . .

Ein Riese warf mich rücklings in das Schneidegras, dessen Schärfe ich jedoch nicht spürte. Seine Augen wurden immer größer, während er mich mit offenem Mund anstaunte. Der Anblick meiner hellen Haut hatte ihn so verwirrt, daß er mit einem jähen Schrei erst vornüber auf mich gefallen war und nun den Felshang hinunterstürzte. Pajakok konnte ich nicht sehen. Haggo schwang sein leichtes Beil wie eine wirbelnde Stahlspindel nach allen Seiten, verlor dabei aber den Halt und sauste rückwärts über die Felskante in den Bach hinein. Obwohl er am ganzen Körper blutete, war mir klar, daß ich es ihm nachmachen mußte, wenn ich meinen Skalp nicht verlieren wollte.

Kitomackens Keule schlug zwei der Angreifer zu Boden, während er sich den Pfeil aus dem Körper zu ziehen versuchte. Ein Katavber-Krieger stürzte sich auf ihn, fiel aber; von irgend woher hatte ihn ein Pfeil mit einer gelbbraunen Feder getroffen. Diese Feder hatte ich früher schon einmal gesehen . . .

Als ich in Windeseile durch das Schneidegras kroch, sah ich Pajakok still auf seinem Gesicht vor meinen Füßen liegen. Ich sprang in den Bach. Mit einem brennenden Schmerz schlug das Wasser über mir zusammen. Ich sank und sank, es wurde kühl, und alle Schmerzen verschwanden. Während ich der Strömung folgte, überlegte ich mir, daß ich bald bei der Stromschnelle sein müßte. Mit meinen Beinen und meinem linken Arm, der mir noch gehorchte, versuchte ich, an das gegenüberliegende Ufer zu steuern.

Ich keuchte und schnappte nach Luft. Oben auf dem Abhang sah ich die heimtückischen Katavber im Sonnenschein umherspringen. Sie schossen ihre Pfeile ins Wasser und rannten zum Bach herunter. Als ich wieder untergetaucht war, begegnete ich einer Gestalt, die mir wie in einem verzerrten Spiegelbild mit aufgelöst wehendem Haar, weit aufgerissenen Augen und Blasen vor der Nase entgegengeschwommen kam und sich in die Kleine Tante Simudaikain verwandelte. Sie zog etwas Großes und Schweres hinter sich her. Dann streckte sie ihren Arm aus und drehte mich um, worauf ich auch gehorsam in die andere Richtung schwamm. Ich hatte nämlich sofort begriffen, daß dies ein Vorzeichen aus dem Reich des Todes war. Ihre starke Seele war uns hierher gefolgt, um von unserem Untergang zu erfahren. Sie hatte uns im Halbschlaf in der Hütte ihres Geistes so deutlich vor Augen gehabt, daß ich sie in meinem Todestraum jetzt auch sah.

Dann prallte ich auf die Steine und hörte die Stromschnellen tosen. Ich versuchte, mich festzuklammern und an Land zu ziehen, wobei mich jemand stützte und schob. Endlich stand ich trotz des lahmen, schmerzenden Armes am Strand.

Ich starrte auf die Hand, die mich stützte. Kupferbraun mit schmalen, kräftigen Fingern und einer weißen Narbe auf dem Daumen! Es war Simudaikains Hand, die mich in meinen Kinderjahren sooft getragen hatte.

Hinter ihr lag etwas Zusammengesunken im Sand. Ich erkannte erst nicht, was es war. Doch das traurige Bündel mußte Kitomacken sein. Simudaikain kniete sich neben ihm nieder und griff nach dem Pfeil, der sich tief in seine Brust gebohrt hatte. Während sie den Schaft festhielt, nagte sie mit ihren scharfen Zähnen Splitter für Splitter von dem zähen, dünnen Holz direkt hinter dem Widerhaken ab.

Stöhnend wurde Kitomacken wach. Seine Fäuste krampften sich um ihren Arm. Ich half, ihn festzuhalten. Endlich hatte sie den Pfeil losbekommen und zog den langen Schaft aus seiner Brust. Die Spitze steckte sie sich vorn in den Gürtel. Dann sah sie mich mit einem fragenden Blick an.

Ich zeigte wortlos auf meine Schulter. Es war keine Verletzung zu sehen, aber in mir bohrte ein scharfer stechender Schmerz. Sie schüttelte jedoch nur ihren Kopf. Nachdem sie mich dann auf die Füße gestellt hatte, hörte ich zum erstenmal ihre vertraute Stimme: »Wir müssen uns beeilen! Die werden bald an beiden Ufern nach uns suchen. Wir müssen da hinauf und so schnell und weit wie möglich von dem Haufen fort. Kannst du laufen?«

Als ich nickte, spürte ich, wie mir die Tränen kamen. Über dem Lärm der Stromschnellen hörten wir jetzt das Gejohle, als die Feinde die Körper unserer Freunde entdeckten. Haggo und Pajakok! Haggo hätte einer der geschicktesten Holzschnitzer des Dorfes werden können. Und Pajakok war ein guter Ratgeber gewesen, der nur zu stark auf seine guten Träume und seinen mächtigen Schutzgeist vertraut hatte. Beide hatten ihn im Stich gelassen. Wir würden ohne ihn wie wehrloses Wild gejagt werden, bis uns ein ähnlich schwerer Tod ereilte.

Simudaikain bewegte sich so schnell und leicht wie ein

Hirsch, obwohl sie fast die ganze Zeit den schwerverwundeten Kitomacken schleppte. Blut kam aus seinem Mund, doch er war bei Bewußtsein und schluckte es hinunter, damit es nicht auf den Boden tropfte. Ich blutete nicht. Dafür waren aber meine Schulter und mein Arm lahm, und mir war vor Angst ganz übel. Die uns verfolgenden Gefahren gaben uns jedoch Kraft, und so blieb ich den beiden dicht auf den Fersen, als wir die enge Bergschlucht emporstiegen.

Schon hörten wir sie direkt unter uns vor Siegesfreude wie ein ganzer Krähenschwarm krächzen. Vielleicht hatten sie uns ja erspäht, dann würden sie schnell hier oben nach uns suchen! Simudaikain schaute sich verzweifelt um, ehe sie uns weiter zog. Etwas höher lag eine kleine Höhle, über die Wasser herabströmte. Mit ihrer ganzen Kraft drückte sie uns zwischen die Steine dort hinein.

»Liegt still«, befahl sie dann flüsternd, »ich werde mich jetzt zeigen, damit sie hier vorbeirennen. Von diesen kurzbeinigen Plattköpfen kriegt mich keiner zu fassen. Also rührt euch nicht, bis ich zurückkomme.«

»Nein!«

Kitomacken wollte sie zurückhalten, aber sie war schon an ihm vorbeigeglitten und mit ein paar Sprüngen außer Sicht. Stöhnend streckte er sich aus, um einen Felsblock zu packen, den er mit seiner früheren Stärke, die für einen Augenblick in ihn zurückgekehrt war, als Schutz vor unserem Versteck aufrichtete. Dann brach er röchelnd zusammen.

Wir hörten Simudaikains trotzigen Schrei vom Berg gellen und sahen große Steine den Abhang hinunterrollen, die andere Steine mit sich rissen. Von unten kamen Antwortrufe und das Sirren abgeschossener Pfeile. Wir hörten die Plattköpfe an uns vorbeisausen, um oben auf Simudaikain Jagd zu machen. Kurz darauf drang ein lauter Schmerzensschrei zu uns, der sich mit kläglichem Gejammer abwechselte. Kitomacken wollte auffahren, fiel aber kraftlos zurück, und es schien, als hätte der Tod seinen Blick ausgelöscht.

So blieben wir wie gelähmt liegen, während um uns herum die Katavber brüllten. Wären ihre Blicke nicht von der Gestalt, die ihnen oben vom Berg ihren gefährlich donnernden Steinschlag entgegenschleuderte, abgelenkt gewesen, dann hätten sie unser Versteck nie übersehen können.

Ich spannte meinen Arm an, um mich mit meinen Fingernägeln zu verteidigen. Denn nicht einmal ein Messer war uns nach unserer verzweifelten Flucht geblieben.

Die Stimmen brüllten um uns herum – unmittelbar vor uns . . . Aber dann entfernten sie sich schließlich!

Und wieder hörten wir den Klang der breiten Bögen, deren Pfeile Simudaikain verfolgten. Trotz ihrer Verwundung versuchte sie offenbar zu entkommen.

Von meiner Verletzung ermattet, lag ich hilflos da. Kitomacken keuchte ab und zu. Und ich konnte nichts weiter tun, als ihm Wasser aus meiner Hand zu geben und ihn an meine Brust zu drücken. Was draußen vor unserem Versteck passierte, konnten wir nicht erkennen. Die Zeit stand still. Und das grüne Licht, das zwischen dem hängenden Moos und den Zweigen in die Schlucht hineinschien, verdunkelte sich allmählich. Unsere Körper wurden in dem engen Raum immer steifer, doch ich konnte nichts tun. Kitomacken versuchte, flüsternd Manitou anzurufen, der ihm Kraft geben sollte, die Todespein zu ertragen. Dann verschwamm sein Bewußtsein. Er murmelte etwas von Simudaikain, die er im Wald getroffen hatte und die eben noch an seiner Seite gewesen wäre. Er ermahnte sie zu fliehen, als wäre sie unverletzt.

Draußen war jetzt schwarze Nacht.

Nichts war mehr zu hören oder zu sehen.

Als ich mich endlich aufzurichten wagte und über den

Bach spähte, war niemand in unserer Nähe. Dort, wo der Kampf getobt hatte, flammte jetzt ein großes Feuer. Doch es drang kein Laut von ihrem Siegesfest zu uns herüber. Aber ich weinte bei dem Gedanken, daß zwei bei den Katavbern gefangene Lenapeseelen, deren Skalpe nun dort in den Hütten hingen, das einzige sein sollte, was wir mit unserem Rachezug erreicht hatten. Die Übermacht der Katavber war um so größer geworden, und ich schämte mich noch mehr, weil ich meine Freunde in den Tod gelockt hatte.

Kitomacken kämpfte mit dem Tod. Und Simudaikain, die unserer Spur gefolgt war, um uns zu warnen und zu helfen, hatte ihr Leben ebenfalls weggeworfen.

Ich war übel verletzt und besaß weder Waffen noch Werkzeug. Und von meiner Heimat trennte mich ein ganzer Mondumlauf!

Das alles war aus meinem Rachedurst entstanden, aus meinem Wunsch, Tanganoans Seele aus der Gefangenschaft bei den Katavbern zu befreien.

Warum hatte ich nicht alles mit meinen bleichhäutigen Verwandten besprochen, warum war ich nicht mit ihnen an die Küste gegangen? Jetzt schämte ich mich wegen dieses Kriegszugs und bereute, ihn geschworen zu haben. Weshalb hatte ich nicht lieber den Mund gehalten und dem Rat unserer weisen Männer gehorcht? Wir hätten unsere Klage den »Schwarzhüten« in Philadelphia vortragen und sie entscheiden lassen sollen.

Kitomacken keuchte, als könnte jeder Atemzug der letzte für ihn sein. Während ich ihn stützte, warteten wir, ob die Nacht ihm das Ende bereiten oder noch Schrecklicheres folgen lassen würde.

8. Kapitel

Als endlich der Morgen zu uns hereinschimmerte, schlich ich mich vorsichtig hinaus und schaute mich um. Ich lahmte zwar noch, doch meine alten Kräfte waren wieder zurückgekehrt. Ich konnte durch die Moosgardine feststellen, daß es in der ganzen Gegend still war und nur ein paar Vögel vertrauensselig umherhüpften. Nicht einmal vom Kampfplatz drang ein Lebenszeichen herüber.

Kitomackens Blick war wieder klar, und nachdem er meinen Bericht gehört hatte, entschied er: »Das beste wird sein, wir bleiben noch ein bißchen hier, wenigstens bis zum Abend. Denn wenn es Simudaikain gelungen ist, sie von uns abzulenken, wird sie mit der Rückkehr solange warten, bis sie ganz sicher ist, daß sie ihre Spuren nicht zurückverfolgen können.«

Während ich ihn verblüfft anstarrte, fragte ich mich, ob seine Sinne noch vom Fieber verwirrt seien.

»Glaubst du denn, daß sie frei ist und lebt? Wir haben doch ihren Notruf gehört . . .«

Er zuckte mit den Schultern, und eine leichte Unruhe kam in seinen Blick, doch dann meinte er kopfschüttelnd: »Den habe ich zwar auch gehört, aber wenn ich es mir jetzt überlege, dann hat er nicht echt geklungen. Und hätte ich so wie sie die Verfolger auf mich lenken wollen, dann hätte ich auch getan, als wäre ich getroffen worden, um damit ihre Begierde auf meinen Skalp anzustacheln. Nein, Simudaikain ist viel zu geschickt. Die läßt sich nicht einfach ermorden, wo sie doch immer auf der Hut ist. Möge Manitou ihr Stärke und Gewandtheit geben!«

»Hast du denn auch geahnt, daß sie uns auf der Spur gewesen ist? Und die Bärin im Todesschattenwald verwundet hat?«

»Wer denn sonst?« murmelte er matt. »Natürlich habe ich das geahnt. Ich hatte nämlich schon lange gespürt, daß da jemand sein müßte. Aber nicht als Bedrohung, wie sonst, wenn Manitou einem ins Ohr flüstert, daß jemand in der Nähe ist. So ganz verstanden habe ich es ja auch nicht, fühlte mich nur Tag und Nacht von ihrer Nähe beunruhigt.«

Als wieder Blut aus seinem Mund floß, verstummte er. Dann drückte er, um Kraft zu bekommen, den heiligen Beutel gegen sein Gesicht.

»Ich habe für ihre Rettung gebetet«, flüsterte er. »Und daß sie schon weit fort ist. Jetzt, wo alles still geworden ist, mußt du auch gehen. Die Katavber sind mit ihrer Siegesbeute heimgezogen und veranstalten heute ihren großen Skalptanz. Aber morgen suchen sie jeden Grasbüschel nach uns ab und folgen jeder Spur, bis sie wissen, wohin wir entkommen sind.«

Er machte noch eine leichte Handbewegung, dann trübte sich sein Blick.

»Nach Westen . . . Südwesten . . . Dort spähen sie am wenigsten herum. Über den kahlen Berg in das Land des Blauen Schilfs hinunter und danach nordwärts zum Ohio-Fluß . . .«

Ich lag bewegungslos da und mußte einsehen, daß er recht hatte. Wenn ich mein Leben retten wollte, mußte ich sofort aufbrechen. Doch das schaffte ich nicht. Die Lähmung in meiner Schulter wurde durch die Hitze immer schlimmer, und in meinem Kopf drehte es sich.

Ich brachte es auch nicht übers Herz, meinen guten Oheim und Beschützer zu verlassen.

»Simudaikain!«

Der dünne Spottdrosseltriller mit seiner leichten Hebung am Schluß verriet, wer die Vogelstimme nachgeahmt hatte. Wir erkannten das Mädchen. Sie hatte ihren ganzen Körper grünfleckig bemalt und sah in dem hängenden Moos draußen wie ein Schatten aus. Als sie in der strahlenden Sonne auf uns zukam, wirkte sie so beruhigend und tröstend wie Mutter Shuntaka.

Doch sie war sehr müde. Den ganzen Tag und die ganze Nacht war sie wie ein Hirsch davongestürmt. Aber bis auf eine Pfeilschramme am Rücken und blutige Kratzer von Schneidegras und Dornen war sie unverletzt. Nach einem ganzen Tageslauf nach Norden meinte sie, die Katavber lange genug mit ihren Spuren irregeführt zu haben, und war nach einer endlosen Klettertour in westlicher Richtung langsam hierher zurückgekehrt.

Nun strich sie mir bekümmert über die Stirn.

»Kleiner Bruder, was ist bloß mit dir los? Ich sehe keine Wunde, aber du hast Wundfieber.«

Während ich ihr alles berichtete, untersuchte sie meine Schulter von vorn bis hinten. Sobald sie sie dabei vorsichtig berührte, durchzuckte mich ein solcher Schmerz, daß mir am ganzen Körper der Schweiß ausbrach. Dann nahm sie die Pfeilspitze, die sie aus Kitomackens Wunde gezogen hatte, aus ihrem Gürtel und befahl mir, die Augen zu schließen.

Sie stieß die Spitze in meine Schulter, und ich schrie, obwohl ich den Schmerz erwartet hatte. Als sie ihren Mund auf die Wunde legte und anfing zu saugen, breitete sich ein eisiger Schmerz in meinem ganzen Körper aus. Schließlich klemmte zwischen ihren Zähnen ein dünner, schwarzer Holzsplitter, den sie mir aus dem Fleisch gezogen hatte. Er war fast quer durch meine Schulter hindurchgegangen. Es war einer der abgebrochenen Blasrohrpfeile, die die Jünglinge verschossen hatten.

Als er jetzt heraus war und Blut aus der Wunde floß, fühlte ich mich bereits erleichtert.

Ich erzählte, was Kitomacken gesagt hatte. Sie nickte und zog mit der Pfeilspitze Streifen aus ihrem Gürtel. Damit verband sie meine Wunde, nachdem sie vorher Moos darauf gelegt hatte.

Dann nahmen wir Kitomacken in unsere Mitte und stiegen vorsichtig aus unserer Schlucht heraus. Als wir nach Westen und Südwesten über die Berge kletterten, stand die Sonne schon ziemlich niedrig. Doch vor Anbruch der Dunkelheit erreichten wir einen anderen Hohlweg, den wir uns entlangtasteten.

Ich brauchte meine ganze Kraft, um vorwärts zu kommen. Und auf unseren sinnlosen Kriegszug und unsere Wehrlosigkeit verschwendete ich keinen Gedanken mehr. Auch Simudaikain hatte alle ihre Waffen und Habseligkeiten verloren. Sie war ja, um uns zu retten und den feindlichen Angriff abzuwehren, in den Fluß mitten in den Haufen unserer Gegner gesprungen.

Als wir schließlich nicht mehr weiterkonnten, versteckten wir uns in einer Felsspalte. Simudaikain sammelte Moos von den Bäumen und breitete es unter uns aus. Mich plagte jetzt Schüttelfrost, meine Schulter schmerzte und klopfte, und ich war vor Hunger ganz matt. Seit vierundzwanzig Stunden hatten wir keinen Bissen mehr zu uns genommen, außer ein paar Grashalmen und Nüssen, die Simudaikain im Vorbeigehen abgepflückt hatte. Um Kitomacken und mich zu wärmen, legte sich sich mit ihrem schmalen Körper zwischen uns. Dankbar dafür, daß ich leben durfte, lehnte ich meinen Kopf an ihre Schulter. Und dann fragte ich sie, warum sie uns gefolgt sei.

»Ich bin Simudaikain«, murmelte sie tief atmend und stolz, »und zum Teil ist es meine Schuld gewesen, daß Tanganoan auf den Todespfad gezogen ist. Denn ich wollte nicht seine Frau werden, sondern Die im Walde bleiben, die einsam in den Wäldern jagt. Und da konnte ich euch beide doch wohl nicht in Todesgefahr ziehen lassen, die ihr mir als meine Verwandten und Freunde am allernächsten steht. Darum bin ich euch durch die Wälder nachgezogen, obwohl ihr eure Spuren immer gut verborgen habt und Kitomackens Manitou spürte, daß jemand hinter euch her war. Ein paarmal hat er nämlich versucht, mich zu überlisten.

Das schlimmste war, als ich im Hohlweg die Bärin traf und euch dicht hinter mir wußte. Ich mußte schießen, um an ihr vorbeischlüpfen zu können, aber sie blieb dann vor Schmerzen stehen und fiel euch sofort an. Ich hatte solche Angst, ihr würdet meinen Pfeil wiedererkennen. Aber zum Glück waren seine Federn abgebrochen . . .

Später habe ich eure Spur verloren. Denn Kitomacken versteht es ausgezeichnet, andere irrezuführen. Aber ich kenne ja seine Gedanken und wußte daher, daß ihr den Kriegspfad nach Süden einschlagen würdet. Deshalb eilte ich einfach voraus und legte mich dann hin, um euer Auftauchen abzuwarten.

Ich sah, wie ihr euch in dem Hinterhalt versterktet, aber ich sah auch die Katavber kommen. Und dann, wie die Jünglinge die Krieger anhielten und ihnen zeigten, wo ihr wart. Und wie sie dann alle auf den Fels geklettert sind, unter dem euer Schlupfwinkel lag.

Ich habe versucht, euch zu warnen. Doch mein Pfiff muß euch nicht erreicht haben oder ihr habt ihn nicht erkannt. Darauf habe ich einem Krieger einen Pfeil durch den Leib geschossen, der dann auch direkt vor euch niedergestürzt ist. Offenbar glaubten die anderen aber, er sei nur ausgeglitten und sprangen hinterher . . . Und immerzu wollte ich schießen, um euch zu helfen, aber ihr wart so mittendrin, daß ich nur zwei Katavber getroffen habe. Die beiden sind nicht gefährlich verletzt worden, aber einen habe ich umfallen sehen.«

»Du hast Tanganoans Geist aus der Knechtschaft befreit«, flüsterte ich und drückte meine Stirn an ihre Schulter. »Denn du hast einen von den Plattköpfen getötet ... Aber Haggo und Pajakok sind nun tot. Vergeltung für sie müssen wohl andere fordern und nicht wir. Wie sollten wir das denn auch noch schaffen?«

Darauf beugte sie sich über den bewußtlosen Kitomakken und lauschte auf seine gequälten, schweren Atemzüge.

»Du hast Kitomacken nicht kämpfen sehen. Zwei Männer, die sich auf ihn stürzten, hat er mit seiner Keule niedergestreckt. Dabei steckte der Pfeil schon in seinem Leib. Und einer davon ist auch nicht wieder aufgestanden. Ich habe auch gesehen, daß Haggo einen Krieger mit sich in die Tiefe gerissen hat. Wenn wir einmal heimkommen, können wir also sagen, daß alle gerächt sind.«

»Aber dann werden wieder neue Männer Rache nehmen für die, die wir getötet haben«, fügte sie mit einem tiefen Seufzer hinzu. »Die Toten fordern eben immer mehr Tote.«

Während sie schweigend dalag, versank ich in einen unruhigen Schlummer. Als ich im Schlaf stöhnte, schüttelte mich ihr Arm wach, und ich schlief erleichtert wieder ein.

Pulverhorn

9. Kapitel

Als wir unsere Augen öffneten, schauten sie ins helle Licht. In der Nacht hatten wir nicht gemerkt, wo wir eigentlich gelandet waren. Jetzt sahen wir eine Felsenkette mit niedrigem Buschwerk. Unter uns lag ein blaues Tal, umgeben von himmelhohen Bergen. Wälder zogen sich in kleine Talsenken hinunter, und aus dem Westgebirge kam ein großer Fluß.

Aber wir sahen keine bestellten Felder. Die Täler und die Hänge waren dicht mit Unterholz bewachsen. Vor uns hatten wir die Quellen des Katavber-Flusses und die Berge um das Land der Cherokee, Gebiete, über die wir schon etwas gehört hatten. Zuerst erschreckte uns die Verlassenheit, aber dann nahm ich sie als gutes Zeichen. Schließlich waren weit und breit keine feindlichen Dörfer zu sehen.

Simudaikain versuchte seufzend, einen besseren Moosverband für Kitomacken zu flechten. Mir machte meine anschwellende und klopfende Wunde angst, daß der Pfeil vergiftet gewesen sein könnte.

Als wir Kitomacken auf die Füße stellten, schien er aufzuwachen, jedenfalls legte er seinen Arm um unsere Schultern, so daß wir uns weiterschleppen konnten. Das Felstal verbarg uns vor Spähern. Die einzige Gefahr war, daß wir einem Jäger begegneten oder unsere Verfolger Spuren entdeckten.

Je weiter wir kamen, desto besser bewegte sich Kitomacken. Er war wieder ein bißchen zu Kräften gekommen und stützte sich auf einen dicken Ast. Aber manchmal schüttelten ihn Fieberschauer, und dann mußten wir ihn hinter uns herziehen. Als seine Gedanken wieder klar waren, sagte er uns, daß wir nicht dem Fluß folgen dürften, weil wir dann den Handelspfad der Katavber zu den Völkern im Landesinnern kreuzten. Denen verkauften sie nämlich Salz und Meeresschnecken für Pelze und Tabak.

Je weiter der Tag fortschritt, desto elender fühlten wir uns. In uns nagte und bohrte der Hunger. Wir hatten keinerlei Vorräte, nicht einmal ein Messer, nur Simudaikains Pfeilspitze. Wir besaßen auch keine Kleider außer unseren Lendenschurzen und Ledersocken, auch Simudaikain nicht. Ihre Bluse hatte sie beim Kampf verloren, und ihren Rock hatte sie in Streifen zerrissen, um damit unsere Wunden zu verbinden.

Aber wir lebten noch, und die Feinde hatten uns nicht entdeckt. Wir waren auf dem Weg nach Kentucky, in das Land des Blauen Schilfs. Nur wenn wir unterwegs etwas zu essen fänden, würden wir unser Ziel nach langem Marsch erreichen. Unser Weg wurde immer schlechter, weil wir uns nicht mehr an den Fluß hielten, sondern mühsam solange in einer Bergspalte hochkletterten, bis wir einen Absatz gefunden hatten, der uns in den Buschwald führte. Bei Einbruch der Dunkelheit entdeckten wir ein kleines Tal, das nach Südwesten ging. Dort schlugen wir unser Lager auf und legten uns schlafen.

Schaudernd träumte ich, wie mich böse Katavbergeister verfolgten, in meine Schulter bissen und an ihr zerrten, bis mich Simudaikains Stimme in die Wirklichkeit zurückholte.

Als sie unten im Tal eine Lichtung entdeckte, meinte sie, daß dort Bruder Biber sein Heim haben müßte. Am Ufer fand sie an den Dämmen jungen Stinkkohl, und außerdem wuchsen da fieberstillende Tulpenbaumwurzeln. Und mit Steinwürfen konnte sie ein paar Frösche erlegen.

Nachdem sie dann auch noch trockenes Holz gefunden und sich mit den Zähnen einen Feuerbohrer zurechtgenagt hatte, gelang es ihr, eine kleine Glut zu entfachen.

Dann legte sie Steine ins Feuer und fertigte aus Rinde einen Napf, in den sie die heißen Steine tat. Das brachte das Wasser zum Kochen. Aus den Tulpenbaumwurzeln bereitete sie dann einen Aufguß, der Kitomackens und mein Fieber linderte. Dann röstete sie in der Glut die Frösche, hob aber die kleinen krummen Knochen als Angelhaken und die Froschhaut für Angelschnur auf. Weil wir die trockene Mahlzeit nicht herunterkriegen konnten, kochte sie auch noch eine Suppe aus Stinkkohl und Froschfleisch, die sich leichter schlucken ließ.

Doch mir ging es immer schlechter. Der böse Krankheitsgeist schüttelte mich, daß ich zitterte und jammerte. *Pauguks* Finger machten meine Wunde schwarz und ließen sie immer stärker anschwellen. Erst als Simudaikain wieder in sie hineingestochen und Blut und Eiter abgesaugt hatte, verließ mich allmählich der böse Manitou. Eine Reihe von Tagen war ich aber noch so schwach wie ein Kind.

Langsam konnte ich mich wieder aufrichten, selber essen und dies und das besorgen. Und wenn ich auch nur das Feuer am Leben erhielt oder mit meiner linken Hand und den Füßen Simudaikain dabei half, langfaseriges Moos als Kälteschutz zu Mänteln für uns zusammenzuflechten. Oder Kitomacken seinen Fiebertrank gab, wenn sie zur Jagd war und er unruhig wurde . . .

Simudaikain war zwar zerkratzt, verschrammt und mager, aber leicht und stark, und in ihrem Blick lag so etwas Glückliches, was ich früher nie an ihr gesehen hatte. So als machte es ihr Spaß, mit den beiden zusammen zu sein, die ihr auf der ganzen Welt am nächsten standen.

»Wie ist man doch elend hilflos, wenn man nicht alles zur Hand hat, an das man gewöhnt ist«, klagte sie. »Was haben wir doch mit unseren Feuersteinen, Stahlmessern und den Kochtöpfen für ein bequemes Leben geführt. Und dann die Eisenspitzen und die Eisenbeile ... Wie vergessene Märchen hat es geklungen, wenn unsere Eltern uns erzählt haben, wie sie sich Beile und Waffen aus Steinen zurechtgehauen haben. Tamenund konnte sich übrigens noch ganz schwach aus seiner Kindheit daran erinnern.«

Sie hatte am Bach Steine mit geeigneten Schneiden gefunden, die sich dann aber als so erbärmlich brüchig erwiesen, daß sie beim Schärfen zersplitterten. Und bei unserer einzigen Pfeilspitze hatte sie Angst, daß sie zerbrechen würde, wenn sie Holz damit schnitt.

Darum versuchte Simudaikain, sich eine Art Speer aus einem jungen Zweig zu machen, den sie abgebrochen und von seinen Blättern befreit hatte. Er wurde im Feuer gehärtet und mit einer scharfen Steinspitze versehen. Außerdem bewaffnete sie sich mit brauchbaren Wurfsteinen. Ein Schilfrohr spaltete sie zu einem Messer, umwickelte ein Ende mit Bast, so daß es sogar einen Griff hatte. Zum Holzschneiden taugte es zwar nicht, doch Haut und Fleisch ließen sich gut mit ihm zerkleinern. Auch konnte man sich damit verteidigen.

Wild gab es hier wenig. Trotzdem erbeutete Simudaikain mit einem Steinwurf ab und zu ein Murmeltier oder ein Eichhörnchen. Ich lernte allmählich, mit der neuen Angel umzugehen, und konnte Barsche und Katzenfische fangen.

Trotzdem hatten wir nach wie vor Schwierigkeiten mit unserer Ernährung. Im größeren Umkreis nach Wild zu suchen, wagte Simudaikain nicht. Sie mußte sich ja um uns kümmern, und wir fürchteten immer noch, entdeckt zu werden.

Da fielen mir auf einmal wieder die Geschenke meines Schutzgeistes ein. Zuerst traute ich mich nicht recht, dann dachte ich aber, daß Manitou sie mir ja als Hilfe in der

Not, vielleicht gerade für Situationen wie diese, gegeben hatte.

Als ich meinen Beutel geöffnet und den Biberkiefer mit dem Nagezahn herausgeholt hatte, stieß Simudaikain einen Freudenschrei aus. Dann brach sie schnell einen passenden grünen Zweig ab und schnitzte mit dem Zahn einen Stiel, den sie an dem Kiefer festband. Jetzt hatte sie ein Beil, das beinahe ebenso scharf zubiß wie Stahl. Damit schabte sie sich einen Wurfspeer und schnitt im Wald Holz für Löffel und Keulen.

Kitomacken lag noch immer im Dämmerschlaf. Alle Versuche Simudaikains, ihn mit Suppen und heilenden Aufgüssen zu stärken, wollten nichts fruchten. Seine Haut war grau, die Brust eingefallen, und aus seiner Wunde kam ein scheußlicher Gestank, obwohl sie täglich saubergesaugt, mit Harz verklebt und mit einem Verband aus geflochtenem Lindenbast belegt wurde.

Manchmal war er aber auch ganz wach und redete mit uns. Und dann warnte er uns, noch länger hierzubleiben. Wir waren zu dicht an den Jagdgründen der Katavber. Jeden Augenblick konnten sie unser Feuer entdecken oder im Wald auf Simudaikain stoßen. Wir mußten weiter nach Westen ziehen, bis wir jenseits der Blauen Berge waren.

Wenn wir uns nicht um ihn kümmerten, lag er still und schwieg. Aber etwas wie Traum und schwerer Entschluß kam jetzt in seine Züge. Da beugte sich Simudaikain vor, um das Schilfrohrmesser wegzunehmen, mit dem wir sein Essen zerkleinerten. Sie legte es so weit fort, daß er es nicht mehr erreichen konnte. Sie hatte Angst, daß er lieber tot sein wollte, als uns ein Hindernis zu sein.

Dann sah sie ihm tief in die Augen.

»Du gehst noch nicht in die Jagdgründe des Himmels ein – es sei denn, ich komme mit«, flüsterte sie leise. Darauf schaute er sie still an und antwortete mit einer neuen, starken Stimme: »Wenn wir weiterkommen wollen, mußt du mir helfen. Mindestens ein paar Tagesmärsche, eher sind wir nicht sicher.«

Er nahm alle seine Kräfte zusammen, erhob sich tatsächlich und sah an einen Stein gelehnt zu, wie wir alle Spuren unseres Lagerplatzes verwischten.

Er ging recht langsam, doch jeder Schritt zeigte frischen Mut. Sein Husten war schlimm, und er war immer noch schwach. Zum Schluß mußte Simudaikain ihn stützen, während ich hinter ihnen ging und mit meinem gesunden Arm alle unsere Mäntel und Werkzeuge trug. Und so arbeiteten wir uns Stück für Stück voran, drei Tage lang, bis Kitomacken endlich kraftlos liegenblieb und verkündete, daß wir an diesem Platz eine Zeitlang ziemlich sicher seien.

Messerscheide

10. Kapitel

Von den Bäumen um uns herum hing langes Moos, das uns in unserem neuen Versteck gut verbarg. Überall standen die merkwürdigen Bäume der Südhänge, die keine Zweige haben, sondern nur ein mannslanges, wippendes Blatt an der Spitze. Und fremde, bunt glänzende Vögel mit großen, krummen Schnäbeln flogen auf und stießen gellende Schreie aus.

Im dichten Unterholz hatten wir an einem Bach einen gut geschützten Platz gefunden. Eine Schlucht, in die wir entkommen konnten, sobald jemand in dem kleinen Tal auftauchte, bildete seine Rückwand. Von einem großen, geraden Ulmenstamm hatten wir Rinde abgelöst und sie auf dem Dach einer kleinen Hütte ausgebreitet, in der unser Feuer brannte. An den Ufern wuchs viel Stinkkohl. Und Simudaikain hatte aus einem dreigabeligen Eschenast eine Fischgabel geschnitzt, mit der wir große Fische in der Glut rösten konnten. Direkt unter uns waren mehrere Biberdämme, günstige Plätze für Fisch- und Vogelfang und zum Wurzelsammeln.

Mit unserer Ernährung ging es hier zwar viel besser, doch Kitomacken lag immer noch im Dämmerschlaf. Seine wenigen Kräfte hatte er für den Weg hierher aufgebraucht. Aber er war nicht mehr so unruhig und schlief auch besser.

Simudaikain hatte im Unterholz einen großen Walnußbaum mit einem geraden, glatten Stamm entdeckt und sich mit ein paar Steinkeilen und einer schweren Steinkeule vor ihm niedergekniet. Nachdem sie der Baumwurzel wilden Tabak geopfert hatte, bat sie mit erhobenen Armen: »Schöner Baum! Sei mir nicht böse, wenn ich ein Stück aus deinem Stamm nehme. Wir sind in schwerer Not und brauchen, um leben zu können, Holz für einen guten Jagdbogen. Du siehst ja, daß zwei von uns verwundet sind und ich sie mit Fleisch füttern muß, damit ihre Kräfte wiederkehren. Sei nicht böse, schöner Baum! Ich werde deine Rinde heilen, und du wirst deinen Schmerz schnell vergessen haben.«

Wir lebten wie Manitous Kinder in den Wäldern und mußten darum behutsam mit allem Lebenden umgehen. Ganz anders als die hartgesottenen Bleichgesichter, die mit ihren Stahläxten ganze Wälder umlegten, ohne sich auch nur ein bißchen um die Verwüstung zu kümmern, die sie damit anrichteten.

Nach ihrem Gebet ritzte Simudaikain mit Bruder Bibers Geschenk die Rinde von der höchsten Stelle, die sie erreichen konnte, bis zu den Wurzeln auf und bog sie auseinander. Mit ihren Steinkeilen und der Keule stemmte sie dann Zentimeter für Zentimeter einen langen Holzstreifen aus dem Stamm heraus, länger als sie selbst und mindestens so dick wie ihr Arm. Danach schloß sie die Rinde über der Wunde wieder und versiegelte sie mit Harz, so daß von ihrer Tat kaum noch eine Spur sichtbar war. Und mit einem Dankesspruch opferte sie dem Baumgeist dann noch einmal Tabak.

Span für Span formte sie die Gestalt des Bogens. Als sie müde wurde, legte sie das Holz neben sich auf ein paar Steine ans Feuer, damit es gerade und trocken lagern konnte. Anschließend nahm sie ihren Speer und ihre Wurfsteine und zog aus, um uns etwas zu essen zu verschaffen.

Es fiel mir schwer, hier als Feueraufpasser und Krankenpfleger herumzusitzen, während ein Mädchen uns mit Wild versorgte. Aber das konnte sie mit so einfachen Werkzeugen viel besser als ich. Fast jeden Tag brachte sie Eichhörnchen, Murmeltiere und Wildenten, ganz abgesehen von Schildkröten, Fröschen, Fischen, frischen Wurzeln und Eiern.

Meine Schulter war noch immer steif und angeschwollen, doch es kam kein Gestank mehr aus ihr, und die schwarzen Todeszeichen von meiner Haut waren auch verschwunden.

Auch Kitomacken befreite sich allmählich aus *pauguks* Griff. Wenn auch sein Gesicht noch ausgemergelt und grau war, so blickten seine Augen doch nun oft klar, und die Fiebergeister schickten sich an, seinen Scheitel zu verlassen. Seine Wunde stank hingegen nach wie vor, und er hustete wie ein Greis, aber es kam kein Blut mehr dabei, was ein sehr gutes Zeichen war. Wir wußten, daß es allein an der Stärke seines Manitous lag, daß er sich bis hierhin hatte schleppen können.

Nun begannen seine Hände, schon wieder kleine Dinge zu erledigen. Er konnte sich sein Essen selber zerschneiden, den Kamm ohne Hilfe führen und Schlingen aus frischen Tannenwurzeln drehen, die wir dann auslegten. Wilder Tabak, Sumach und auch Süßkräuter wuchsen hier, aus denen wir uns Rauchopfer mischten. Doch Kitomacken konnte diesen heilenden Rauch nicht einatmen, ohne von einem scheußlichen Husten geschüttelt zu werden. Und er beklagte sich, daß ihm ein böser Manitou die Kraft, seinen Schutzgeist anzurufen, gestohlen habe.

Wir besaßen einen ganzen Beutel voll Steine, die sich gut schärfen ließen. Und Kitomacken erinnerte sich noch, wie man sich steinerne Werkzeuge zurechtklopft. In seiner Kindheit hatten zumindest die Kinder noch Steinschneiden benutzt, weil die Geräte der Weißen viel zu teuer waren.

»Wir müssen wieder wie in der Urzeit ganz von vorn anfangen, wo die Allmutter die Weltschildkröte aus der Tiefe des Meeres aufsteigen ließ und aus ihrem Schoß die ersten Menschen geboren wurden«, murmelte er müde. Er achtete darauf, daß wir alle Sehnen und Häute von unserer Beute aufbewahrten und aus den Knochen der Tiere und den Fischgräten einen Leim kochten. Mit diesem Leim und mit den Sehnenfäden befestigten wir nämlich die Steinspitzen am Schaft des Pfeils, die Schneiden an den Messern und die Stacheln an den Speeren.

Gegen die kalten Nächte besaßen wir inzwischen Dekken und Mäntel aus geflochtenem Hängemoos. Simudaikain nähte sich auch mit Sehnenfäden und einer Nadel aus der Rippe eines Murmeltiers ein neues Schultertuch aus Eichhörnchenhäuten.

Kitomacken sprach nicht viel. Er betrauerte unser Mißgeschick. Denn wenn ein Kriegsführer heimkehrt und zwei aus seiner Schar gefallen sind, dann bereitet er seinem Volk keine Freude, wenn er von drei Getöteten und mehreren Verletzten spricht, und schon gar nicht, wenn er keine Skalpe von ihnen aufweisen kann.

Es grämte ihn, wie ein hilfloser Greis herumzuliegen, obwohl er einmal zu den stärksten und ausdauerndsten Männern gezählt hatte. Simudaikain, die ihn zu trösten versuchte, saß stundenlang flüsternd an seiner Seite, und es war, als wollte sein Blick von ihr Stärke erlangen.

Jeden Tag kratzte sie ihren Bogen dünner und plattete ihn seitlich ab, damit er an der richtigen Stelle Spannkraft bekam. Zwischendurch schabte sie an Pfeilschäften aus Eschenschößlingen, die sie irgendwo abgebrochen hatte. Und täglich gab es etwas Neues für uns. Stöcke mit gehärteten Spitzen, um Wurzeln auszugraben, und geflochtene Moostaschen für Fische, Muscheln, Eier und Wild oder was Simudaikain sonst auf ihren Streifzügen durch die Gegend erbeutete.

Immer neidischer wurde ich auf den Bogen, den Simudaikain mit Sand solange rieb, bis er glänzte. Und dann befestigte sie mit nassen Sehnen und Leim die Steinspitzen an den Pfeilen, die Kitomacken für sie gemacht hatte, fiederte sie mit den Schwanzfedern eines Habichts und breitete sie behutsam nebeneinander zum Trocknen aus.

Während ich meinen Arm und meine Schulter geschmeidig machte, blickte ich sehnsuchtsvoll auf die prächtige Waffe.

»Bald wird mein Arm wieder so stark sein, daß ich einen Bogen auf Großwild spannen kann«, sagte ich und legte schon meine Hand auf das glatte Holz. Doch da zog sie ihn an sich.

»Mit meinem Bogen schieße nur ich allein.«

»Vergiß nicht, daß du ein Mädchen bist und es das Recht des Mannes ist, Jäger zu sein«, erwiderte ich gereizt.

Darauf wurden ihre Augen vor Erbitterung riesengroß, und ehe ich überhaupt ahnte, was sie tun wollte, hatte sie sich schon über den Bogen gekauert, ließ ihr Wasser auf ihn ab und hielt ihn mir tropfnaß vors Gesicht.

»Jetzt darfst du ihn mir wegnehmen, nun wo . . . Mann! Ich bin Simudaikain und eine bessere Jägerin als ihr alle zusammen.«

Beschämt wich ich zurück. Denn so büßt die Waffe eines Mannes ihre Fähigkeit zu töten ein, während sie bei Frauen dadurch keinen Schaden erleidet. Die Frau ist die Mutter des Lebens, und alle sind ihr Achtung schuldig. Ich wandte mich schweigend ab.

Stumm schnitzte ich an einer Ahornwurzel, die das zäheste und beste Holz für Kriegskeulen liefert. Aus einem Augenwinkel beobachtete ich dabei, wie Simudaikain ihren Bogen polierte und etwas Murmeltierfett hineinrieb, damit er geschmeidig wurde. Dann umwickelte sie eine Stelle mit dünnen Bastfäden und leimte Sie, so daß daraus ein handfester Griff wurde. An seinen beiden Enden verzierte sie den Bogen mit roten Samen und Rückenwirbeln von Katzenfischen, die so glänzten wie Perlmutt. Dann band sie noch Fischblasen und kleine Schnüre mit roten und schwarzen Samen daran. Außerdem schnitt sie sich ein paar dicke Haarsträhnen ab, die sie zu einer Bogensehne zusammendrehte.

Wenn sie den Bogen so schön ausschmückte, so tat sie dies, um mehr Jagdglück zu haben und ihren Manitou zu stärken, gleichzeitig wollte sie aber auch zeigen, was sie für eine prächtige Waffe besaß, die ihr kein Mann wegnehmen durfte.

Als sie ihre Pfeile schließlich lange genug bearbeitet hatte, steckte sie alle acht sorgfältig in ihren Köcher, den sie aus Ulmenrinde genäht und an den Rändern rundherum mit kleinen Perlmuttstücken und weißen Birkenrindenstreifen verziert hatte. Nachdem sie dann noch ein langes Röhrichtmesser in ihren Gürtel gesteckt hatte, erhob sie sich so leicht wie ein Vogel und sagte, zu mir herunterschauend: »Paß auf, daß das Feuer nicht zu groß wird und an zu rauchen fängt. Und vergiß nicht, ihm seinen Kräutertrank zu geben, sobald er aufwacht.«

Dabei deutete sie mit dem Bogenstiel auf einen aus einem großen Blatt gefalteten Becher, der von einem Dorn zusammengehalten wurde und immer bereit stand für den Fall, daß der Kranke aus seinem Schlaf erwachte.

Und wie ein Fisch im Wasser oder ein Vogel in den Wolken verschwindet, so tauchte sie im Buschwerk unter.

Ich schnitzte seufzend an meiner Keule weiter, was aber recht mühsam war, weil ich nur meine linke Hand benutzen konnte und die Wurzel mit meinen Füßen festhalten mußte.

Wenn ich da an die Tischlerbänke der *voapsits* mit ihren vielen Stemm-, Hau- und Schabeisen dachte . . . Wie dankbar mußten wir doch für unser einziges Stemmeisen aus Biberzähnen sein, das uns schon so viele brauchbare Sachen geschenkt hatte!

Plötzlich zuckte ich zusammen. Blitzschnell stand auch Kitomacken auf den Beinen, hatte seinen Mantel über dem Arm, den Stock in der Hand und die Tasche mit unserem Steinvorrat über der Schulter.

Hoch vom Berg tönte ein wohlbekannter Pfiff, der uns mit seinem gellenden Schlußtriller vor einer nahen Gefahr warnte. Wie ein Eistaucher aus dem Wasser aufsteigt, so stand Simudaikain wieder vor uns. Ergriff ihre Sachen, zeigte mit der Hand zu den Bergen, legte mehrere Holzstücke auf das Feuer und rollte unsere Decken zu Betten zusammen, damit es so aussah, als schliefen dort Menschen. Kitomacken war schon ins Tal vorausgeeilt. Ich kam mit meiner halbfertigen Keule und dem kostbaren Biberzahn hinterher. Wenn er auch manchmal erstickt hustete, so leitete er doch unsere Flucht wie ein Häuptling. Er bewegte sich so leicht, als habe die Macht seines Manitous alle Kräfte wieder in seinen Körper zurückgezaubert. Um keine Spuren zu hinterlassen, wählte er für uns entweder Wasser oder steinigen Boden. Und immer Schatten oder Gebüsch, so daß wir fast unsichtbar vorankamen.

Obwohl es schon ziemlich dunkel und ganz still war, fühlten wir um uns herum die Todesgefahr lauern . . .

Weiter unten, ganz dicht am Katavber-Fluß, lebten und wohnten unsere Feinde. Aber ich sah ein, daß uns die Flucht nach Westen oder Norden, wie wir es vorgehabt hatten, abgeschnitten war, denn eine Gruppe von Jägern und ein paar hartnäckige Verfolger hatten uns aufgespürt. Aber Simudaikain hatte sie in letzter Minute bemerkt und uns zur Flucht angetrieben.

Und nun hörten wir einen Schrei enttäuschter Wut. Denn all die Pfeile, Wurfspeere und die kostbare Zeit waren nur auf unsere Felle verschwendet worden.

Kitomacken röchelte zwar, bewegte sich aber sonst wie ein Hirsch. Als wir uns den Biberdämmen näherten, fühlte ich plötzlich den Biberzahn in meine Haut beißen, als wollte er mich anhalten. Da wußte ich sofort, daß mein Schutzgeist mir etwas zu sagen hatte.

»Wir müssen uns hier verstecken«, keuchte ich. »Mein Manitou sagt, daß es richtig ist.«

Kitomacken schaute sich um. Denn auch ihm war klar, daß wir nicht alle Spuren mehr verbergen und unseren Verfolgern nicht mehr entkommen konnten. Hinter den fliehenden Bibern kräuselte sich die Wasserfläche. Ich drückte meinen Beutel, bat um Geleit und watete dann zu den Bauen der Biber hinaus. Das Wasser wurde so tief, daß wir schwimmen mußten. Und auf einmal verstand ich, was mein Schutzgeist mir zugeflüstert hatte.

Wir schwammen zu den Biberdämmen hinüber, die so alt waren, daß das Holz schon teilweise unter dem Wasser verfault war. Als wir uns in die Bauten hineindrängten, bogen wir Zweige über die Eingänge. Schließlich hatten wir uns so gut versteckt, daß unsere Scheitel von den trokkenen Ästen der obersten Biberburg verdeckt wurden.

Unser Atem ging keuchend, unsere Herzen hämmerten, und wir hörten die wilde Jagd mit Hundegekläff immer näher kommen. Sie hatten unsere Spur entdeckt, die so frisch war, daß man sie noch über den Teich verfolgen konnte.

Fackeln flammten über den Wasserspiegel, der von unzähligen Speerspitzen zitterte. Im Schilf und zwischen den Seerosenblättern suchten die Katavber nach uns, und überall stießen sie ihre Speere hinein. Plötzlich tobten sie auch über unseren Köpfen auf dem Biberbau herum, sprangen auf den Dächern umher, rissen sie auf und stießen mit ihren Speeren ins Wasser hinunter. Ich hatte vor Kitomackens Husten Angst, aber er bezwang ihn mit einem Stück Holz zwischen den Zähnen. Und endlich, endlich zog der Haufen weiter, nachdem ein paar erst noch mit ihren Fackeln Feuer an die Biberburg gelegt und das vorjährige Schilf und Unterholz verbrannt hatten. Hunde und Männer hatten es auf einmal eilig, weiterzukommen, um flußabwärts die Suche nach uns fortzusetzen.

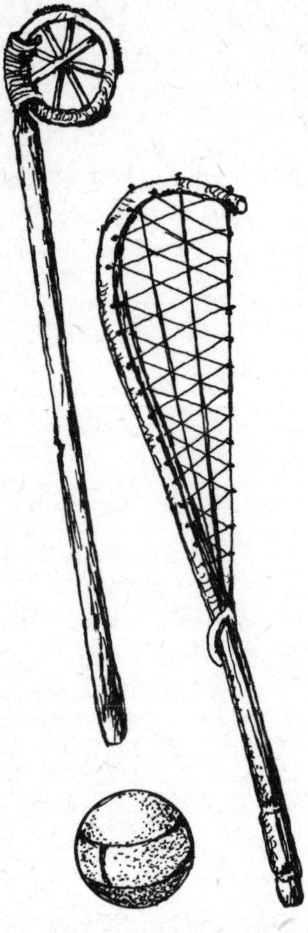

Schläger und Ball

11. Kapitel

Dann brach über dem einsamen Teich der Morgen an. Als wir Bruder Biber zurückkommen und erbittert über sein zerstörtes Heim schnauben und fauchen hörten, fiel mir mein Anrufungslied wieder ein. Ich flüsterte es so leise vor mich hin, daß nur die Biber mich verstanden.

»Ich darf Bäume fällen!
Der Große Zahn schwimmt emsig.
Er gab mir einen Zahn, um Holz zu nagen,
das ich für Haus und Hof brauche.
Er verscheuchte den Bluttrinker von meinem Weg,
so daß ich sicher wandern kann . . .«

Darauf kamen die Biber langsam näher und beobachteten mich furchtlos. Wahrscheinlich spürten sie, daß ich einer aus ihrer Sippe war, und zeigten deshalb keine Angst. Mit ihrem plötzlichen Untertauchen warnten sie mich vor ein paar Katavbern, die noch im Ufergebüsch lauerten und hofften, wir würden zu guter Letzt doch noch unvorsichtig werden und uns verraten, falls wir uns hier versteckt haben sollten. Schließlich machten sie sich aber auf den Weg, und ich hörte Bruder Biber wieder arbeiten, was dafür sprach, daß die Gegend nun vor allen Feinden sicher war.

Allmählich wurde es heller, und wir konnten uns wieder erkennen. Simudaikain war es geglückt, den Bogen zwischen den Zweigen über dem Wasserspiegel zu verstecken, und er schien auch nicht gelitten zu haben. Wenn wir auch die Vögel sorglos im Ufergebüsch umherflattern sahen, fanden wir es doch klüger, uns hier noch eine Weile auszuruhen. Wir teilten uns ein paar geröstete, wilde Rüben, die wir in einer Tasche gefunden hatten, und aßen eine frisch geschossene Wildente so roh wie sie war. Kitomacken schien zu schlafen. Ich vermutete, daß er wieder Fieber hatte. Denn er lag bebend auf den Stämmen des Damms, und seine Hände zitterten. Doch schließlich hustete er vorsichtig und flüsterte: »Der Teich setzt den Fluß fort und erreicht dann ziemlich ruhig den Katavber-Fluß. Wenn wir uns ein Binsentau drehen und trockene Äste aus dem Damm ziehen, dann können wir uns ein Floß bauen. Das setzen wir, sobald es dunkel ist, unterhalb des Damms ins Wasser und lassen uns dann zum Katavber-Fluß und in das Land des Südens tragen. Ohne uns zu überanstrengen, können wir so dorthin kommen. Und da sind wir endlich sicher. Die Katavber werden natürlich annehmen, daß wir nach Hause ziehen und vorhaben, uns im Norden an ihnen vorbeizuschmuggeln. Außerdem glauben sie, daß wir weder ein Boot noch Werkzeuge besitzen, um uns eins zu bauen. Daß Bruder Biber uns hilft, damit rechnen sie nicht.«

Wir fanden den Plan gut. Simudaikain tauchte und holte Binsen, und wir halfen, ein Tau daraus zu flechten.

Dann entdeckten wir noch lange Ulmenstangen am Ufer, die die Biber zwar gefällt, aber zur Weiterverarbeitung noch nicht auf die richtige Länge genagt hatten. Sobald es dunkel geworden war, holte Simudaikain sie, während wir Stämme aus dem Damm herauszogen und lautlos ins Wasser senkten. Nachdem wir sie quer über den Stangen befestigt hatten, besaßen wir ein Floß – zwei Manneslängen lang und eine halbe breit –, das uns sicher tragen würde.

Spät in der Nacht stießen wir ab und stakten in die Strömung, die hier unten nicht mehr so stark und reißend war.

Die ganze Nacht reisten wir recht bequem. Der scheinbar schlafende Kitomacken warnte uns immer rechtzeitig, gerade so, als ob er alle gefährlichen, bewohnten Strecken im Schlaf erkannte.

An der Flußmündung trafen wir auf ein großes Dorf, das von Äckern umgeben war. Die Häuser waren aus aufgerichteten Baumstämmen gebaut und mit Blättern gedeckt. Als ein Hund anschlug, blieben wir bis zur Morgendämmerung still im Wasser liegen. Dann erst gab Kitomacken das Zeichen zur Weiterfahrt.

Diesmal versteckten wir uns in einer schlammigen Bachmündung. Mehrmals hörten wir Menschen reden, doch es waren friedliche Frauenstimmen. Und als der Rauch von ihrem Essensfeuer uns erreichte, da krampften sich unsere Bäuche zusammen, denn wir hatten nur noch ein paar Entenknochen zu nagen.

Als es dunkle Nacht geworden war, erlaubte uns Kitomacken, auf den Fluß hinauszustaken, der hier mehr als einen Pfeilschuß breit war. Vor Morgengrauen erreichten wir einen flachen Fluß aus dem Süden, den wir nun hinaufstakten. Als er zu reißend und unsere Arme zu lahm wurden, landeten wir an seinem Kiesufer. Dort waren keine Spuren zu sehen. Wir montierten unser Floß auseinander und ließen einen Stamm nach dem anderen von der Strömung davontragen. Nachdem wir unser Binsentau mit Steinen auf den Grund versenkt hatten, wandten wir uns nach Süden, zu den Bergtälern, in die vielleicht noch niemand aus dem Volk der Lenape seinen Fuß gesetzt hatte. Nicht einmal Kitomacken hatte gehört, daß jemand so weit im Süden gewesen war.

Unsere Arme waren müde, unsere Beine dafür aber ausgeruht. Ja, sogar Kitomacken war bei Kräften, trotz seiner eiternden Wunde und seines röchelnden Hustens. Und er führte uns in die neue Wildnis, wo wir uns drei Tage versteckten.

Nachdem Kitomacken von einer Bergspitze Ausschau gehalten hatte, erklärte er, daß wir die Jagdgründe der Katavber nun verlassen hätten. Vor uns lag das Schneegebirge, wo viele Manitous ihre strahlenden Hütten haben, die wir hoch am Himmel sehen konnten. Und wenn wir uns über den Bergpaß wagten, würden wir dort Völker treffen, von denen nicht einmal er etwas gehört hatte. Yamasis, Tuscarora und Muskogea, starke, mächtige Stämme, die sogar von den *voapsits* in Frieden gelassen wurden.

Ausgehungert und am Ende unserer Kräfte, wagten wir, uns endlich Ruhe zu gönnen. In einem geschützten, kleinen Tal bauten wir uns ein Regendach. Simudaikain paßte auf, daß wir uns auch wirklich ausruhten, während sie die acht Pfeile in ihrem Köcher betrachtete und ihnen Tabak opferte. Besonders den einen, der eine Stahlspitze trug und Kitomackens Körper durchbohrt hatte.

»Kleine Tante«, bat ich flehend, während ich das Feuer bediente, »näh mir doch einen Grasrock! Und warum vertauschst du deinen eigentlich nicht mit einem *kuivan?* Du bist unser Jäger und Versorger. Wir kleinen Krieger kümmern uns um dein Wild, sind deine Köche, deine Gerber und Holzsammler . . . Darf ich mir deine Nadel ausleihen und mir einen Rock nähen?«

Zum Zeichen, daß unser Streit um den Bogen vergessen war, klopfte sie mir freundlich lächelnd auf die Schulter. Sie versprach, sobald sie Zeit hätte, neues Bogenholz für uns zu holen und mit mir gemeinsam noch viel mehr Pfeile anzufertigen. Meine Keule war recht gut gelungen, eine brauchbare Waffe für meinen gesunden Arm. Und mir ging es jetzt viel besser. Meine Wunde juckte und heilte, aber der Arm war noch so kraftlos, daß ich ihn nur ab und zu ein bißchen gebrauchen konnte.

Wir hatten Simudaikains Bogen nicht gehört. Plötzlich stand sie mit zwei Truthähnen vor uns, die so kräftig mit den Flügeln schlugen, daß es aussah, als sei sie selber aus dem Gebüsch aufgeflogen. Endlich konnten wir wieder ein richtiges Feuer für unser Essen machen und die herrlichen Fleischscheiben in Eichenglut braten. Zwei Tage später kam Simudaikain tatsächlich mit einem Reh an! Jetzt hatte jeder sein Bogenholz und schnitzte. Bald würden wir auch scharfe Dolche aus den Schenkelknochen des Rehs haben, Bogensaiten aus seinen Sehnen, neue Ledersocken aus seiner Haut und Kämme aus dem Geweih. Und Simudaikain konnte einen kurzen Mantel für Kitomacken schneidern und ihn an den Rändern mit schönen Federn besticken. Sie war überhaupt wie verwandelt, wenn sie abends im Feuerschein saß und wie jede Jungfrau nähte und vor sich hinsummte. Sie trug ein breites Fellband um ihre Stirn, das sie mit roten Samenkörnern und kleinen blauen Muschelschalen verziert hatte.

Auch Kitomacken hatte sich erholt. Seine Wunde eiterte nicht mehr, seine Haut hatte wieder ihre frische Farbe bekommen, und er schaffte beim Essen genausoviel wie wir. Jetzt schnitzte er behutsam an einer Kampfkeule herum, der er ein so scheußlich grinsendes Gesicht gab, daß einem das Grauen kommen konnte. Nur wenn er zu rauchen versuchte, bekam er Erstickungsanfälle und mußte die Pfeife weglegen.

Deshalb blickte er schwermütig ins Feuer und drückte seine Hand auf die schmerzende Seite.

»Ich werde langsam ein leerer Sack, den man nur noch mit Essen vollstopfen kann. Tauge ich noch zum Jagen? Werde ich jemals wieder fischen? Kann ich mich verteidigen oder fliehen? Was ist denn das noch für ein Leben!« murmelte er zornig.

»Du hast uns auf unserer Flucht so klug wie kaum einer zu diesem sicheren Platz geführt«, erklärte Simudaikain und hob umsichtig seine Pfeife auf. »Ohne dich wären wir schon lange tot. Du schnitzt dir Waffen, und du knüpfst uns feine Schlingen, sogar solche, die ich vorher noch nie gesehen habe.«

Als sie uns dabei eine Schlinge zeigte, wurden Kitomakkens Augen immer größer, und er packte sie am Handgelenk.

»Wo hast du die gefunden?«

Sie deutete erstaunt nach Westen.

»Keine drei Pfeilweiten von hier . . .«

Wir ahnten es beide und starrten sie voll Angst an.

»Hast du nur eine solche Schlinge gefunden?«

»Ja, ganz zufällig. Eigentlich hatte ich nicht vermutet, daß ihr so dicht bei unserem Lager Schlingen auslegt. Glaubst du denn . . .?«

Er brauchte gar nicht zu nicken, wir begriffen es auch so. Ein Unbekannter hatte die Schlinge ausgelegt, bevor wir hierher gekommen waren. Wir waren also in dieser Wildnis, die wir für so sicher und abgelegen gehalten hatten, nicht allein. Vorsichtig nahmen wir unsere Waffen und sonstigen Habseligkeiten und wanderten, nachdem wir das Feuer gelöscht hatten, in die Dunkelheit hinein. Erst als wir etliche Pfeilschüsse weit von unserem Lager entfernt waren, wechselten wir wieder ein paar Worte.

»Vielleicht ist es ja auch nur eine von der Winterjagd liegengebliebene Schlinge«, überlegte ich, doch Simudaikain schüttelte ihren Kopf.

»Darauf können wir nicht setzen. Sie ist nämlich aus Tannenwurzeln von diesem Jahr geknüpft. Und hat auch noch nicht lange gelegen. Das sah man an den Gräsern rundherum.«

»Es kann doch auch ein einsamer Jäger gewesen sein, der sich hier aufgehalten hat, aber als wir gekommen sind, geflohen ist. Wenn es mehrere gewesen wären, dann hätten sie versucht, uns zu überrumpeln.«

»Dann ist der einsame vor mehreren Tagen geflohen, um Hilfe zu holen und uns zu töten. Wir müssen also mit unseren Sachen ein paar Tagesmärsche weiterziehen. Erst wenn die Gipfel des Schneegebirges hinter uns liegen, sind wir sicher.«

»Pst!«

Ohne Atem zu holen, blieb Simudaikain stehen, während wir uns ins Gras duckten. Nichts zu hören, nichts zu sehen, doch ihr starker Jagdmanitou mußte ihr etwas zugeflüstert haben. Als ich schließlich meinen Kopf vorsichtig nach hinten wandte, um zu sehen, ob uns die Kleine Tante vielleicht ein Zeichen gab, war der Platz, wo sie eben gestanden hatte, plötzlich so leer, als hätte sie sich in Luft aufgelöst.

Pfeifenkopf

12. Kapitel

Wir hielten den Atem an, machten die Augen zu und blinzelten ein paarmal, um unsere Sinne zu schärfen. Sicher verfluchte Kitomacken unsere erbärmliche Hilflosigkeit genauso wie ich. Zwar konnte ich meinen rechten Arm wieder gebrauchen, doch er hatte keine Kraft, und Kitomacken . . .

Ich hörte einen erstickten Schrei, wollte auffahren, doch seine Hände hielten mich mit ihrer alten Kraft zurück.

»Aber sie hat doch geschrien . . . Ist überfallen!«

»Ruhig! Das war nicht ihre Stimme!«

Und mit seiner steinbewehrten Keule in der Hand glitt er so lautlos vorwärts, als hätte er allein durch Willenskraft seine Schwäche bezwungen. Auf der anderen Talseite pirschten wir im Schatten zwischen Grasbüscheln und Gestrüpp vorsichtig weiter. Plötzlich erhob sich Kitomakken und rannte. Ich hatte den hellen Triller auch gehört, der uns rief. Keine Warnung vor Gefahr, nur maßlose Erregung.

Im Gebüsch raschelte und wogte es. Keuchen, knakkende Zweige, miteinanderringende Körper. Dann ein gellender Schrei, den wir nicht wiedererkannten. Zornig und drohend tönte Simudaikains Stimme! Mit erhobenen Steindolch kniete sie im Gebüsch und hatte etwas gepackt, das unter ihr wühlte und zuckte. Der Tragriemen, den sie aus ihrem Gürtel gelöst hatte, hielt Hände gefesselt. Jetzt begann ein lautes Geheul.

Hoher, spitzer Scheitel mit schwarzen Haaren und eine merkwürdig nach hinten geneigte Stirn, die direkt in die Nase überging. Ein Mädchen! Der Körper glänzte vor Öl, war fast nackt, nur mit einem dünnen Moosrock bekleidet. Außer einem Stahlmesser am Gürtel, das es bei Simudaikains blitzschnellem Angriff gar nicht mehr hatte ziehen können, trug das Wesen keine Waffen. Simudaikain riß das Messer flink an sich und öffnete zugleich die kleine Felltasche, die das Mädchen an einem Riemen über seiner Schulter hängen hatte. Feuerstein, Farbdosen zum Bemalen, Kräutermedizin, ein paar Schlingen, ein Tabaksbeutel und Schmuck aus Flußperlen und Nüssen.

Als wir das Mädchen aufgerichtet hatten und mit ihm sprachen, wandte es sich, ohne Antwort zu geben, ängstlich hin und her. Kitomacken, der ein paar Worte aus der Katavbersprache kannte, versuchte es immer wieder. Doch wenn er wissen wollte, woher unsere Gefangene käme und wer sie sei, schielte sie ihn nur erschrocken an.

»Ich zwinge eine Frau nicht gern zum Reden«, sagte er kopfschüttelnd, »vor allem nicht, wenn sie möglicherweise nichts versteht. Das darf nur auf Beschluß des Frauenrats geschehen. Sonst erzürnen wir die Allmutter.«

»Sicherer ist es schon, sie zum Schweigen zu bringen. Schließlich können noch andere in der Nähe sein«, fiel ihm Simudaikain ins Wort und steckte ihr einen Knebel in den Mund. Und dann brachten wir unsere Gefangene zu unserem alten Versteck. Dabei erzählte Simudaikain, daß sie im Gebüsch einen Schatten bemerkt hätte, der über unser verlassenes Lager spähte.

Als sie sich heranschlich, entdeckte die Schattengestalt sie und wollte fliehen, doch meiner kleinen Tante entkommt man nicht. »Sie ist an der Bergwand hochgeklettert, als hätte sie dort ein Versteck und wollte Hilfe holen. Das müssen wir im Auge behalten.«

Nachdem wir den Morgen abgewartet und nichts weiter

bemerkt hatten und die Vögel auch keinerlei Unruhe zeigten, schlich sich unsere Führerin mit schußbereitem Bogen auf den Berg hinauf. Kurz darauf rief uns ihr heller Spottdrosseltriller.

Aus einem immergrünen Lorbeerwäldchen sprudelte eine Quelle. Tief drinnen stand eine kleine Hütte aus fest aneinandergefügten großen Palmblättern, so daß kein Regen eindringen konnte. Aus Zweigen und Gräsern war ein Bett gebaut und mit Murmeltier- und Kaninchenfellen zugedeckt. Mitten im Raum stand ein kleiner Herd. Kürbisflaschen und -schalen, Tonkrüge, Körbe und Taschen aus feinen Wurzelfasern waren reichlich vorhanden. An den Wänden hingen Taschen mit getrocknetem Fleisch und wilden Wurzeln. Dann gab es noch einen Krug voll Honig und einen Ledersack mit Wildreis. Zwischen Weidenruten ausgespannt trockneten frische Häute, und auf dem Bett lag ein Mantel aus geflochtenen Kaninchenfellstreifen und eine Menge anderer Dinge.

Außer einem Eisenbeil und einem langen Blasrohr mit einem fußlangen Köcher mit dünnen Pfeilen, die statt der Steuerfeder einen Flausch aus Wildbaumwolle trugen, waren keine Waffen zu sehen.

Daß außer dem Mädchen hier noch jemand anders lebte, davon war keine Spur zu sehen. Wir fanden nur noch ein zweites Paar Bastschuhe, das an ihre kleinen Füßen paßte, einen Napf und einen Löffel, ferner eine Tabakspfeife und einen Bisambeutel mit einer Wildtabakmischung.

Als wir um die Hütte herum alles absuchten, entdeckte Simudaikain einen Pfad, der über den Berg in ein zweites Tal führte.

»Sie scheint hier ganz allein zu leben«, meinte Kitomacken, als er die Hütte und alle Spuren genau untersucht hatte. Dann setzte er sich aufs Bett und gab uns ein Zeichen, daß wir neben ihm Platz nehmen sollten.

»Aber warum?« fragte er schließlich, nachdem er das Mädchen eingehend betrachtet hatte.

Unsere Gefangene war noch nicht erwachsen. Ihre Brüste begannen sich erst zu wölben. Sie trug nichts weiter als einen dünnen Moosrock und viele Perlenbänder um den Hals. Sie war feingliedrig, aber wohlgenährt und duftete angenehm nach den Süßgräsern, die sie sich ins Haar geflochten hatte. Das Gesicht war gar nicht so häßlich – schmal, mit großen Augen, doch vom Weinen völlig verquollen. Sie sah nur merkwürdig verunstaltet aus mit ihrem gerade zum Scheitel aufsteigenden Nacken. Und auch Nase und Stirn bildeten eine Linie. Als wir ihr den Knebel herausnahmen, zitterte sie vor Angst, und ihre Zähne schlugen aufeinander. Aber sie antwortete auf keine Frage, schien nicht einmal unsere Zeichen zu verstehen. Dicke Tränen kullerten aus ihren Augen, und heftiges Schluchzen erschütterte den ganzen Körper. Seltsam, daß solch ein heimtückisches Wesen, das einem Gefangenen womöglich brennende Harzstücke in die Haut und glühende Kohle in die Nase steckte, überhaupt weinen konnte . . .

Aber der Gedanke, diesen Scheitel aufzuschlitzen und das glänzende Haar abzureißen, war mir einfach unvorstellbar, obwohl ich fand, daß sie als unsere Gefangene für alle Scheußlichkeiten, die Tanganoan und andere aus unserem Volk erlitten hatten, büßen mußte.

Überrascht zeigte Kitomacken auf den Bauch des Mädchens, wo glänzende Brandnarben zu sehen waren. Als es dann in sich zusammenkroch, schüttelte er mitleidig seinen Kopf.

»Das ist wieder so ein armes Ding, das vor seiner Reinigungszeit davongelaufen ist. Die Plattköpfe sind viel grausamer gegen ihre eigenen Leute als alle anderen Völker. Sie sperren ihre Jugendlichen in große Häuser ohne Türen und Fenster ein. Und ohne Feuer lassen sie sie da den ganzen Winter in der Finsternis leben. Maskenmänner, die zu ihrer Versorgung da sind, bringen ihnen verdorbenes Essen, in das sie das Gift des schwarzen Tranks gemischt haben, wonach sich die jungen Leute in Krämpfen winden. Danach nehmen sie sie sich einzeln vor und zwingen sie zu tanzen, wobei sie sie immerzu quälen. Wenn sie Manitou zuletzt leid tun, nimmt er sie unter seinen Schutz. Doch vorher wird noch manchmal kochendes Wasser über sie gegossen, oder man reißt ihre Rücken mit Hechtzähnen auf, schlägt mit brennenden Zweigen auf sie ein oder denkt sich andere Grausamkeiten aus . . . Einigen bekommt das so übel, daß sie entweder ihren Verstand verlieren oder sterben. Und viele, die meinen, den Winter nicht zu überstehen, fliehen schutzsuchend zu anderen Völkern. So habe ich einmal einen Jüngling getroffen, der geflohen war und unsere Sprache gelernt hatte. Der hat mir erzählt, was mit ihm geschehen war. Genau das, was wir hier sehen.«

Nachdem er sich noch einmal gründlich in der Hütte umgeschaut hatte, räusperte sich Kitomacken und löste die Keule von seinem Gürtel. Sie war zwar noch nicht ganz fertig, doch mit dem Biberzahn und scharfen Steinen war es ihm gelungen, ein schauerlich grinsendes Gesicht in die Schlagseite der Keule zu schneiden. Als er uns eine Weile angeblickt hatte, hielt er sie mir mit dem Griff entgegen.

»Vor uns liegt eine Gefangene aus dem Volk unserer Feinde. Und wir müssen entscheiden, ob sie sterben oder weiterleben soll. Du, Amisko, hast einen Bruder verloren und kannst darum als erster das Todeszeichen geben. Wir müssen hier zu einem Entschluß kommen, denn sie kann uns zu einem lebensgefährlichen Hindernis werden.«

Wir fragten uns, ob das Mädchen uns wohl verstanden hatte oder ob unsere Gesten so leicht zu durchschauen waren. Am ganzen Körper zitternd, stürzte es nämlich vornüber.

Als ich die Keule nahm und an meinen Bruder Tanganoan dachte, fühlte ich ihre tödliche Kraft. Doch solange Kitomacken seinen Arm ausstreckte, konnte ich sie nicht auf den Boden schlagen zum Zeichen, daß die Gefangene sterben sollte.

»Denk daran, daß sie vielleicht davonläuft, wenn wir sie leben lassen, und daß wir dann zu Hause kein Siegeszeichen vorweisen können. Der Skalp eines Feindes läßt sich leicht mitnehmen. Er behindert uns nicht, selbst wenn wir verfolgt werden. Außerdem schreit er nicht, noch verrät er uns in einem unbewachten Augenblick.«

Ich schaute auf den verunstalteten Schädel, den mein Schlag treffen sollte, auf seine dünne, durchscheinende Haut. Und obwohl ich einsah, daß Kitomacken recht hatte, zögerte ich, während er noch immer seine Hand schützend über unsere Gefangene hielt. Er fuhr fort:

»Doch eine Frau ohne das Urteil des Frauenrats zu töten, ist eine schwere Sünde gegen die Allmutter. Wenn es uns gelingt, die Gefangene lebend nach Haus zu bringen, dann ist das eine viel größere Ehre und ein nützlicherer Erfolg. Sie kann unserem Stamm viel besser dienen, als ein Skalp das vermag. Eine schwere Entscheidung, und ich weiß nicht, wie ich an deiner Stelle handeln würde, muß dich aber darauf hinweisen, was aus deiner Wahl alles entstehen kann.«

Als ich meinen Kopf schüttelte, senkte er seinen Arm.

»Ich will nicht, daß sie sterben soll. Drei von uns getötete Katavber liegen am Bergpaß. Unsere Toten sind also gerächt. Wenn es sein muß, kann sie immer noch sterben. Aber ersteinmal soll sie leben. Denn das Leben einer Frau ist heilig. Sie ist ein Stück von der Allmutter.«

Damit legte ich die Keule in Simudaikains Hand. War es Einbildung, oder versiegten die Tränen des Mädchens wirklich nach meinen Worten? Es hob jedenfalls seinen Kopf und schielte zu uns herauf.

Kitomacken wandte sich jetzt an die Kleine Tante: »Dein Herz erinnert sich an Tanganoans Tod. Und als Frau sitzt du mit in der Versammlung des Frauenrats, wenn darüber entschieden wird, ob sie in unser Volk aufgenommen oder getötet werden soll. Aber dein Wort gilt auch hier schon mehr als unseres, denn du bist eine Frau.«

Nachdem sie die Keule einen Augenblick in ihrer Hand gewogen hatte, legte sie sie kopfschüttelnd in die Kitomackens zurück. »Wir Frauen tragen die Lebenskraft in uns. Wir sind nicht zum Töten da, nicht einmal eine Simudaikain. Ich glaube, daß Tanganoans Geist durch die von uns getöteten Krieger jetzt seine Ruhe gefunden hat. Viele Nächte hat er meine Träume nicht mehr gestört, schon seit wir uns nach jenem Kampf wiedergetroffen haben. Sein Geist hat sich von dem Skalp in dem Katavberdorf gelöst und wandert nun durch die Nächte, um den Sternenweg der Geister über den Himmel zu finden. Laßt uns ein kleines Feuer zu seinem Geleit anzünden und Essen hinstellen, damit wir sicher sein können, daß er seinen Weg zu den guten Jagdgründen findet. Das ist viel besser, als auch noch ein kleines Mädchen in unseren Träumen zu sehen. Schließlich sind wir nicht so grausam wie die Katavber und *voapsits*, oder?«

Kitomacken nickte hustend und befestigte die Keule wieder an seinem Gürtel. Dann legte er seine Hände übereinander. »Damit haben wir eine schwere Aufgabe übernommen, jetzt, wo wir von allen Pfaden nach Hause so weit entfernt sind. Aber von einem höheren Standpunkt aus betrachtet, haben wir wohl richtig gehandelt. Denn ich möchte die Allmutter auch nicht gern erzürnen, indem ich einer Frau etwas antue.«

Langsam richtete sich das Mädchen auf. Sein Gesicht war noch immer voller Angst, doch es weinte nicht mehr.

Noch schluckend und zitternd, doch über alle Maßen

erleichtert, holte es Atem und äugte durch sein Haar zu uns hinüber.

»Komisch«, murmelte Kitomacken, »man könnte meinen, daß sie alles verstanden hat, was wir eben verhandelt und beschlossen haben.«

Das Mädchen schluckte und schluckte, und sein Mund bewegte sich, als wollte es sich an etwas erinnern. Es schüttelte seinen Kopf hin und her, versuchte wohl auf etwas zu kommen, was schon lange zurücklag, senkte schließlich demütig den spitzen Scheitel und begann zum erstenmal zu sprechen:

»*Keene*«, flüsterte es. »*Keene*!«

»Aber . . . Aber das klingt ja wie unsere eigene Sprache. Vielen Dank hat sie gesagt.«

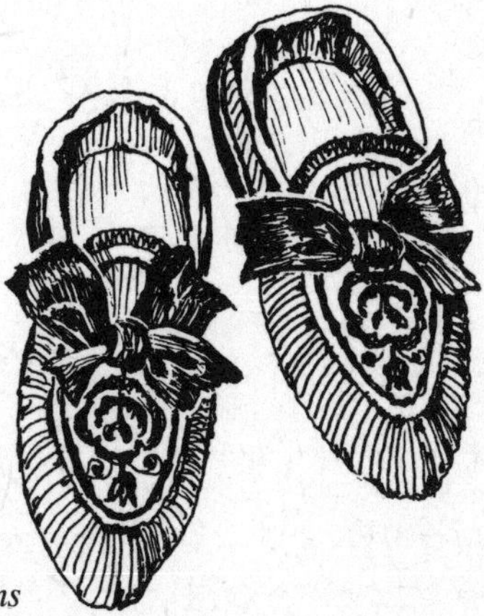

Squaw-Mokassins

13. Kapitel

Mit großen, erschrockenen Augen schaute das Mädchen uns an, sagte jedoch erst wieder etwas, nachdem Kitomakken es an der Schulter geschüttelt hatte.

»Hast du verstanden, wovon wir gesprochen haben?« fragte er barsch und machte dazu erklärende Handbewegungen. Unsere Gefangene blickte ihn furchtsam an und nickte dann langsam. »Ja, ich habe alles verstanden«, sagte sie in einem fremden Dialekt, der aber unserer Sprache so ähnelte, daß wir ihre Worte verstanden. Außerdem hatte sie jetzt ja die Hände frei und konnte sich noch mit Zeichen helfen.

»Vielen Dank, daß ich leben darf!«

»Das hängt von dir ab«, erklärte Kitomacken. »Wir nehmen dich als Gefangene mit. Was dann später geschieht, dafür ist der Frauenrat verantwortlich. Doch nun erzähl uns, wo du herkommst und von wem du diese Sprache gelernt hast. Denn du bist doch ein Plattkopf. Oder gehörst du zu den südlichen Völkern, deren Sprache wie unsere klingt?«

Sie schüttelte ihren Kopf, hatte offenbar nichts verstanden. »Ich bin bei den Pikvas geboren. Wir wohnen weiter im Süden, sind aber einmal aus dem hohen Norden gekommen, viele, viele Winter, bevor meine Mutter mich geboren hat. Seid gut zu mir! Ich bin keine Katavbe. Aber sie haben meine Mutter gezwungen, mich zu einer zu machen. Sie ist als Gefangene vor vielen Wintern bei den Katavbern aufgenommen worden. Und da hat sie zulassen müssen, daß mein Kopf in die Klemmzwinge gesteckt wurde, weil ich wie die anderen Kinder aussehen sollte. Doch meine Mutter hat mir heimlich ihre Sprache beigebracht. Sie wollte nämlich eines Tages mit mir zu ihrem Volk zurückkehren, heim zu dem Fluß, der den Namen ihres Stammes trägt, dem Savanna-Fluß.«

»Shawnee!« rief Kitomacken, sich auf die Knie schlagend, aus. »Also lebt ein Stamm von diesem Volk da unten im Süden! Eine größere Gruppe ist einmal aus dem Land des Blauen Schilfs zu uns gekommen und wohnt nach einem Friedensvertrag schon viele Winter bei uns. Ja, jetzt erkenne ich auch die Sprache wieder, obwohl du manchmal Worte hineinbringst, die ich nicht verstehe, doch die stammen vielleicht aus der Katavbersprache . . .«

Während wir sie anschauten, dankte ich im Innern meinen Manitou, daß er mir zur Schonung geraten hatte. Aufatmend fragte ich: »Bist du gerade auf dem Weg zu dem Volk deiner Mutter?«

Doch sie schüttelte ihren Kopf, fast so, als fürchtete sie, wir könnten ihr wegen ihrer Unwissenheit böse sein. Dann deutete sie mit einer unbestimmten Handbewegung nach Süden oder Südosten.

»Ich weiß nicht, wo mein Volk lebt. Meine Mutter hat immer gesagt, wir könnten erst dorthin fliehen, wenn ich groß bin, weil es so weit ist. Man muß nämlich an den Manitouhütten im Schneegebirge vorbei, und das ist gefährlich. Die bösen Manitous wollen nicht, daß man über ihre Berge zieht. Aber bevor ich groß war, ist meine Mutter gestorben. Und jetzt, wo wir es versuchen könnten . . . Ja, und dann mußte ich in das verschlossene Haus! Und hatte keine Familie, die den Maskenmännern Geld gibt, damit sie ihre Kinder besser behandeln. Als wir klein waren, haben wir im Dorf die Eingeschlossenen manchmal wie verwundete Tiere schreien hören. Ab und zu haben wir die Männer nachts auch ein Mädchen bringen sehen, das heimlich begraben werden mußte, weil sie es nicht ausgehalten und nicht dazu getaugt hatte, eine richtige Frau zu werden. Jede Nacht sind die Maskenmänner wie böse, schwarze Geister gekommen, als sie dann selbst im verschlossenen Haus war. Brennende Zweige und Dornenruten haben sie gehabt, und wir mußten aufstehen und mit ihnen tanzen. Oft sind wir krank geworden und mußten uns nach dem verdorbenen Essen übergeben. Sie haben uns gedroht, daß dies erst der Anfang sei, und noch anderes, viel Schlimmeres zu uns kommen würde. Andere Mütter weinten um ihre Kinder und beteten für sie, daß sie Kraft bekämen, bis zum Frühling durchzuhalten. Und sie haben den Maskenmännern Geld gegeben, damit sie mit ihren Kindern ein bißchen behutsamer umgingen. Aber für mich hat niemand gebetet, weil ich ja als eine Pikva geboren bin und keine Familie habe.

Eines Abends habe ich mich vor der Luke, durch die die Geister hineinschlüpften, auf die Lauer gelegt. Als der letzte vergaß, sie zuzumachen, bin ich hinausgesprungen und davongelaufen. Zwanzig Abende hatte ich schon vergebens darauf gewartet. Mir war nämlich klar, daß ich es nicht solange aushalten würde, bis mir Manitou seine Gnade erwies. Deshalb habe ich meine Sachen genommen und bin in den Wald gerannt. Das haben schon viele vor mir gemacht, wenn sie es nicht länger ertragen konnten. Wenn man sich, bis der Schnee vom Boden geschmolzen ist, verborgen halten kann, dann ist man bis zur Mitte des nächsten Winters frei. Aber dann wird man Tag und Nacht bewacht, damit man nicht noch einmal davonläuft . . .«

Die Erinnerung ließ sie vor Angst zittern, und sie kratzte sich blutige Stellen auf die Stirn, während sie ihre Augen weit aufriß.

»Nein, ich hätte es nicht länger ausgehalten. Am liebsten wäre ich nie geboren worden. Dabei wollte ich doch so gerne leben und eine angesehene Frau werden.«

»Bei unserem Volk«, erklärte Simudaikain mit weicher Stimme, »da leitet und berät einen die eigene Mutter, ehe man in den Wald hinauszieht, um sich einen Schutzgeist zu suchen. Man muß selber entscheiden, wie lange man beten und fasten kann. Und wenn es zu schwer wird, dann kehrt man eben nach Haus zurück, um sich Kraft für das nächstenmal zu holen. Wenn du mit mir in das Haus meiner Mutter kommst, dann zeige ich dir, wie du dir einen Manitou gewinnen kannst, ohne durch solche scheußlichen Prüfungen zu gehen.«

Aber dann unterbrach sie sich, als fürchtete sie, sich der Gefangenen gegenüber als zu weichherzig gezeigt zu haben. Sie stieß sie mit dem Fuß an.

»Los, steh auf und koch uns Essen! Wir bleiben solange hier. Wie lange lebst du hier denn schon so allein?«

»Seit ich im Schneemonat geflohen bin. Zuerst habe ich gehungert und war auch krank, aber nichts hat mich so gequält wie die Angst, entdeckt zu werden. Hier gibt es keine Spuren von Menschen, dafür aber soviel wilden Reis, daß die Vögel ihn nicht auffressen können, und da habe ich mir Vorräte gesammelt. Und ich habe auch mein Blasrohr, meine Schlingen und meine Angelschnur bei mir. Wenn ich auch ausgehungert war und mich fürchtete, so ist es doch schön gewesen, hier in Frieden zu leben. Denn nichts war so schlimm wie das verschlossene Haus.«

»Ist eigentlich jemand aus deinem Volk in der ganzen Zeit hierhergekommen?«

»Keine Menschenseele. Niemand, bevor ich euch gesehen habe. Und da habe ich zuerst geglaubt, die Maskenmänner seien gekommen und wollten mich holen. Doch dann hörte ich euch eine ganz andere Sprache sprechen, eine, die ich ein bißchen verstand. Ich hab mir überlegt, ob ihr vielleicht Shawnee wärt und mir helfen könntet. Aber ihr tragt ja nicht solche Federhauben, die nur dieses Volk hat. Darum habe ich lieber abgewartet und gelauscht, um ganz sicher herauszubekommen, wer ihr überhaupt seid. Als ihr mich dann entdeckt und gefangengenommen habt und ich hörte, daß ich vielleicht sterben müßte, da fand ich das immer noch besser, als für einen ganzen Winter in das verschlossene Haus zurückgebracht zu werden.«

Während sie sprach, bemühte sie sich eifrig, den Herd in Gang zu bringen, legte Kochsteine zum Wärmen zusammen und setzte einen mit Harz abgedichteten, großen Birkennapf mit Wasser, wildem Reis, Eichhörnchenfleisch und Gewürzkräutern auf. Mit einer langen Holzgabel griff sie dann die heißen Steine und legte sie in den Napf, worauf das Wasser schnell zu sieden und zu blubbern anfing und ein herrlicher Dampf aufstieg.

Nachdem wir unsere Löffel und Schalen hervorgeholt hatten, setzten wir uns, und Simudaikain forderte das Mädchen mit einer Handbewegung auf, mit uns zu essen. Was es dann auch so bescheiden tat, daß es kaum etwas herunterkriegte. Es hieß Jay, das bedeutet Blauhäher.

Simudaikain nahm Jays Hand und drückte sie ganz leicht.

»Nachdem, was du erzählt hast, hoffe ich, daß wir dich ohne Fesseln herumlaufen lassen können, jedenfalls solange du nicht aus unserer Sichtweite verschwindest. Aber denke immer daran, daß ich Die im Walde bin, und nie eine Spur, egal ob von Mensch oder Tier, verliere. Wenn du uns davonzulaufen versuchst, dann hole ich dich lebendig zurück und binde dich an den Todespfahl. Denn es reicht auch, wenn wir nur deinen Skalp mit nach Hause bringen.«

Als das Mädchen vor Schreck zu weinen begann, räusperte sich Kitomacken.

»Wenn wir dir vertrauen können, dann darfst du gehen

wie wir. Ich habe gedacht, daß wir uns hier solange ausruhen, bis wir stark genug sind, zu den weißen Hütten der Manitous am Himmelsrand emporzusteigen und dann hinunter in das Tal deines Volks. Denn ihr seid immer unsere Freunde gewesen. Vor langer, langer Zeit sollen wir sogar einmal ein Volk gewesen sein, sagen die gelehrten *medaer*. Bei euch können wir dann ausruhen und uns mit allem versorgen, was wir für unseren Heimweg brauchen. Was meint ihr dazu?«

Wir saßen in Gedanken versunken da. Unsere Mägen waren mit der herrlichen Suppe gefüllt, der Jay einen für uns fremden Geschmack gegeben hatte. Denn sie kannte viele Kräuter und Gemüse, die in unserem nördlichen Land nicht wachsen. Als niemand Einwände gegen seinen Vorschlag machte, zündete sich Kitomacken eine Pfeife mit ihrem Tabak an. Ganz vorsichtig, damit kein Rauch in seinen Hals gelangte, nahm er ein paar Züge, legte die Pfeife dann fort und atmete erleichtert auf, weil kein Hustenanfall kam. Dann nahm ich die Pfeife, um dem Allmächtigen meinen Tabakgesang darzubringen, während er fortfuhr:

»Wir tun gut daran, wenn wir uns Zeit lassen. Denn es wird noch lange dauern, bis ich wieder ein richtiger Mann bin, wenn ich überhaupt je wieder so werde wie früher.«

»Du bist schon jetzt stärker als alle anderen«, erwiderte Simudaikain leise und kniete sich neben ihn, um sich seine Wunde anzuschauen.

Kitomacken streckte sich auf Jays Bett aus. Wir legten uns in unsere Mäntel gehüllt auf den Fußboden. Jay hatten wir zwischen uns genommen, damit wir sofort aufwachten, falls sie versuchen sollte, sich davonzuschleichen. Wir lagen lange unruhig wach und grübelten, ob sie wohl die Wahrheit gesprochen hatte oder ob sich ein Haufen mit Todesfarben bemalter Plattköpfe schon an uns heranpirschte. Ich stellte mir auch vor, wie stolz wir zu Hause mit einem gefesselten Gefangenen einziehen konnten, noch dazu mit einer Frau, die doppelt soviel wert ist wie ein Mann, der nur sein eigenes Leben besitzt, während eine Frau unserem Volk auch alle ihre Kinder schenkt.

Doch plötzlich fiel mir ein, daß Jay ja als eine Shawnee und nicht als Katavbe geboren war. Und wenn sie zu dem Volk ihrer Mutter kam, dann konnte es sie in seinen Schutz nehmen und sie bei ihrer Sippe bleiben. Doch ich war zu müde, um länger über die Sache nachzudenken und beschloß, daß wir darüber einmal sprechen müßten, wenn Jay uns nicht hören konnte.

Keule

14. Kapitel

Weit im Südosten erblickten wir die steilen Gipfel des Schneegebirges wie ferne, glänzende Hütten – unvorstellbar groß. Im Tal dahinter sollte der südliche Fluß fließen, wo vermutlich die Heimat von Jays Mutter war. Woher Jay ihren Namen Blauhäher hatte, verstand man, wenn man ihr einen Augenblick zuhörte. Denn nachdem sie sich sicherer fühlte und in Simudaikains Gesellschaft aufgelebt war, wagte sie nun, nach unserem nördlichen Land zu fragen. Und sie berichtete, was sie noch von ihrem eigenen Volk und seinen endlosen Märschen durch das Land des Blauen Schilfs und über die Berge der Cherokee wußte.

Es war, als hätten wir eine neue Heimat gefunden. So geborgen fühlten wir uns in dieser einsamen Gegend, wo wir obendrein noch in einer ordentlichen, dichten Hütte wohnten, die uns vor allen Winden und selbst vor den kältesten Nächten schützte. Wir hatten auch so viel Nahrung, daß wir uns um die tägliche Jagd keine Sorgen zu machen brauchten. Jay, die sehr geschickt mit ihrem langen Blasrohr umging, schoß Eichhörnchen, Murmeltiere und Wildenten. Auch besaß sie genügend Wildreis für uns alle. Die Eicheln aus ihren Vorräten hackten Simudaikain und sie klein, begossen sie mit Bitterwasser, trockneten sie auf einer Steinplatte in der Glut und siebten sie anschließend durch einen dünnen Bastkorb. Daraus konnten sie dann Eichelgrütze kochen oder Brotfladen backen.

Mit Bogen und Köcher unternahm Simudaikain häufig

Streifzüge in die Bergtäler, von denen sie mit einem Waschbären, einem Truthahn oder einem Reh wiederkehrte.

Jetzt saß ich am Herd und schnitzte mit einem scharfen, wenn auch abgenutzten Stahlmesser an einem neuen Bogen herum, der meinen bewährten Biberzahn als Waffe ersetzen sollte. Nachdem ich meinen Schutzgeist andächtig gedankt hatte, lag er nun nämlich wieder in meinem heiligen Beutel.

Als Jay gemerkt hatte, welche Schmerzen ich hatte, setzte sie sich nach Frauenart mit untergeschlagenen Beinen hinter mich und begann, mit ihren festen, warmen Fingern meine verletzte Schulter durchzukneten. Und um das Gift aus meinem Fleisch zu vertreiben, dehnte sie ihre Massage nach allen Seiten aus. Dazu summte sie leise ein Heillied, das sie von den weisen Eulenfrauen der Katavber gelernt hatte. Ihre Behandlung half meiner Schulter besser als alles andere vorher. Und während sie mir half, den Arm zu strecken und zu beugen, erklärte sie mir unaufhörlich, was für ein Glück ich doch gehabt hätte, daß ich einen Jüngling mit einem Pfeil für Kleinwild begegnet sei. Denn die Vergiftung, die solch ein Pfeil hervorruft, ist für einen erwachsenen Mann selten lebensgefährlich. Ganz anders als die, wenn man von einem für den Kampf mit Menschen bestimmten Blasrohrpfeil getroffen wird.

Auch Kitomacken erholte sich gut. Zwar hustete er noch manchmal schlimm, doch wir besaßen inzwischen genügend lösende Säfte, für die Jay Kräuter sammelte und die sie viel besser zu mischen verstand als Simudaikain. Sie wusch seine Wunde mit Wasser, in dem sie Birkenrinde abgekocht hatte, und bereitete ihm Tees aus Tulpenbaumrinde und verschiedenen Kräutern, die wir nicht kannten. Da beklagte sich Simudaikain bitter über ihr unstetes Jägerleben, das ihr nicht erlaubte, die alten Heilkünste der Frauen zu erlernen.

Doch als Kitomacken ihre Hand drückte, verstummte sie.

Jays Blick wanderte fragend zwischen den beiden hin und her. Doch sie gaben ihr keine Erklärung für ihr Verhalten.

Jay war jetzt munterer, vielleicht weil es ihr Spaß machte, wieder die Sprache ihrer Mutter zu sprechen und nicht mehr so einsam leben zu müssen. Aber oft fanden wir sie auch irgendwo zusammengekauert sitzen, und wenn wir sie ansprachen, zuckte sie erschrocken zusammen.

Doch sosehr sie sich auch bemühte, uns alles recht zu machen, vertrauten wir ihr doch nicht ganz. Dabei hätte sie genug Gelegenheiten gehabt, uns davonzulaufen. Sie dachte wohl an unsere Warnungen und kehrte stets von ihren Ausflügen zum Fluß, wo sie Heilkräuter sammelte und nach den Schlingen sah, und aus dem Wald, indem sie Brennholz sammelte, zurück.

Nach jedem ruhig verlaufenen Tag und mit dem heranrückenden Sommer stiegen unsere Hoffnungen. Kitomakken konnte nun allein umherspazieren und sich irgendwo in die Sonne setzen. Er schnitzte an einem zweiten mannshohen Bogen aus Walnußholz, das Simudaikain ihm geschnitten und grob vorgeformt hatte.

Sein Husten klang leichter, seine Wunde war fast geheilt, und er konnte sich viel besser bewegen.

Aber die Furcht saß uns immer noch im Nacken. Und ich wachte manchmal nachts auf und lauschte, ob meine Biber-Schutzgeister mir etwas von ihren fernen Dämmen zuflüsterten. Dann ging ich hinaus und opferte Tabak, den ich mit einem Blatt Zwergsumach und Süßwurzelstücken vermischt hatte, um meinen Manitou einen angenehmen Duft darzubringen. Dabei bat ich, daß die Biber uns nicht vergessen, sondern in allen drohenden Gefahren helfen möchten.

In meinen Träumen erlebte ich oft noch einmal die Angst des Überfalls und die Flucht mit dem gelähmten, schmerzenden Arm. Von Unruhe gepackt, sprang ich dann mitten in der Nacht auf. Wahrscheinlich waren aber nur Kitomackens Gekeuche und sein Husten im Schlaf daran schuld. Simudaikain legte sich dann leise an seine Seite, und ich bewachte unsere Gefangene allein.

Jay war weder groß noch stark, dafür aber schnell und gewandt. Wie leicht hätte sie eine der vielen Waffen, die überall in der Hütte herumlagen, nehmen und uns alle drei niederstrecken können, ehe wir überhaupt zur Verteidigung wach geworden wären.

Eines Nachts erwachte ich angstzitternd aus dem Halbschlaf. Kein Laut, aber Jay war nicht mehr an meiner Seite. Furcht vor einer tödlichen Bedrohung packte mich, und ich tastete nach meiner Keule, fand sie aber nicht. Simudaikain lag bei Kitomacken und gab ihm mit ihrer Lebenswärme Stärke, weil seine Brust wieder von den Geistern der Krankheit geplagt wurde.

Auf einmal entdeckte ich auch Jay. Sie saß zusammengekauert im Eingang neben dem Bogen und ihrem eigenen gefährlichen Blasrohr. Vor ihr lag ein Beil.

Mit angehaltenem Atem suchte ich immer noch meine Keule. Da sah ich, wie sich die dünne Gestalt da draußen zum Angriff spannte! Ich wollte mich zusammenrollen, da entdeckte ich endlich meine Keule. Sie lag fast unter meinem Körper. Jetzt war ich bereit, das Mädchen niederzuschlagen, aber da . . .

Da lief ein Zittern durch ihren Körper, sie sank in sich zusammen, und ich hörte ein ersticktes Schluchzen. Von plötzlicher Erleichterung war ich wie gelähmt. Ich streckte meinen Arm aus, strich über ihren merkwürdigen Scheitel und fragte: »Was hast du?«

Sie zitterte am ganzen Körper, schluckte, und es dauerte eine Weile, bis sie etwas Verständliches herausbrachte.

»Ich hab nur solche Angst im Schlaf gehabt. Hab geträumt, daß die Maskenmänner gekommen sind und mich mitnehmen wollten. Und da hab ich solche Angst gekriegt . . .«

Damit verstummte sie, duckte sich und zog den Kopf ein. Doch ich verstand auch ohne Worte, was sie noch mehr fürchtete. Sie wußte ja, daß wir überlegt hatten, ob wir sie töten und nur ihren Skalp mitnehmen sollten. Sie hatte Angst, daß wir unsere Meinung geändert haben könnten und sie im Schlaf erschlagen würden, wie man das tut, wenn das Opfer schmerz- und angstfrei sterben soll. Aber weil sie ihr Leben bedroht fühlte, bestand da nun nicht die Gefahr, daß sie zuerst zu töten versuchte? Ich blickte sie mißtrauisch an. Wie klein und zart sie doch war, sicher noch keine vierzehn Winter. Ich mußte einfach noch einmal ihren Scheitel berühren und ihr versichern:

»Du kannst ruhig schlafen. Wir haben beschlossen, daß du lebend mit uns nach Haus kommen sollst. Du brauchst nicht zu glauben, daß wir dich deinen Feinden ausliefern. Da muß es erst einen Kampf auf Leben und Tod geben. Und du stehst den Katavbern nicht mehr allein gegenüber. Wir sind jetzt vier.«

Still vor sich hinweinend, kroch sie ein bißchen näher an mich heran, und ich fühlte, wie ihre Hand mich vorsichtig berührte. So als müßte sie den anfassen, der ihr versprochen hatte, sie zu verteidigen, und der sie ruhig schlafen ließ. Ich legte wieder meine Hand auf ihren Scheitel, einmal, damit sie nicht aufstehen konnte, ohne daß ich wach wurde, aber auch, weil sich ihr dickes Haar so warm und weich anfühlte.

Ich lauschte noch eine Weile in die Nacht hinein, doch alles war still. In der Ferne arbeitete Bruder Biber, meldete aber keine Gefahr. Dann schlief ich auch ein und hatte keine bösen Träume mehr.

15. Kapitel

Ich hatte eine Spur gefunden, die mir bisher noch nie begegnet war. Sie sah aus, als sei jemand auf dem Bauch und mit großen Krallenfüßen über den Sumpf gekrochen. Die Breite ließ mindestens auf den Bauchumfang eines erwachsenen Mannes schließen.

Als ich durch das Schilf auf das Wasser spähte, entdeckte ich längere Zeit überhaupt nichts, nahm nur einen scheußlichen Dunst wahr, dort, wo die Spur verschwand ... Plötzlich fuhr ich zusammen und machte große Hasensprünge nach hinten! Etwas, was ich zunächst für einen großen, vermoderten Baumstamm gehalten hatte, dieses Etwas lebte und atmete. Ein gewaltiges Untier, doppelt so lang wie ein Mann, mit einem unglaublichen Rachen und dem Schwanz einer ungeheuren Eidechse! Vorsichtig kroch ich auf das trockene, sichere Land und mochte mir nicht einmal vorstellen, was geschehen wäre, wenn ich meinen Steinspitzenpfeil auf dieses Wild losgelassen hätte. Denn es trug auf seinem Rücken eine knotige Borkenschicht, die bestimmt mindestens so unverwundbar wie der Panzer einer Schildkröte war. Als mir dann einfiel, daß wir vielleicht in der Gesellschaft solcher Bestien durch die Flüsse geschwommen waren, wurde ich noch nachträglich vor Entsetzen ganz rot. Da mußte ja Manitou seine schützende Hand über uns gehalten haben.

Innerlich sehnte ich mich danach, mein Glück als Jäger

wieder einmal zu probieren. Denn wegen meiner Wunde hatte ich mehrere Mondumläufe, nämlich seitdem wir die Wälder verlassen hatten, kein Wild mehr getötet.

Endlich entdeckte ich einen riesigen Stelzvogel, so ähnlich wie ein Kranich, doch größer als alle, die ich je gesehen hatte. So vorsichtig, wie ich nur konnte, spannte ich meinen Bogen, wobei ich mich gegen einen Baumstamm lehnte, weil meine verletzte Schulter noch immer nicht ihre volle Kraft hatte. Meine Schultersehnen brannten, bis ich den Vogel endlich so vor meiner Pfeilspitze hatte, daß ich den Schuß abgeben konnte. Darauf schlug der Riese mit seinen Flügeln, flatterte noch ein paarmal und stürzte dann in das Schilf.

Ich hatte kaum Hand an ihn gelegt, als ein lautes Brüllen mich zusammenzucken ließ. Durch das Schilf wälzte sich diese furchtbare Riesenechse auf mich zu! Sofort versuchte ich, meinen Bogen zu spannen. Doch mein Arm schmerzte zu sehr und ich mußte aufgeben. Also ergriff ich nur schnell den Vogel mit meinem gesunden Arm und rannte davon! Und jetzt bewegte die Bestie sich wahrhaftig vorwärts. Und fast so schnell wie ein laufender Bär, trotz ihrer kurzen Beine! Aber als ich höheres Gelände erreichte, blieb sie zurück und kehrte schließlich um.

Meine Schulter schmerzte so, daß ich mich nur mit allergrößter Mühe weiterschleppen konnte. Aber ich hatte nach drei Mondumläufen zum erstenmal wieder Wild erlegt! Ich mußte schwer schuften, bis ich unser verborgenes Tal erreichte und auf Jay stieß, die mit frischen Wilderbsen gerade aus den Sumpfwiesen kam. Als sie meine Plackerei sah, nahm sie mir sofort meine Bürde ab und massierte behutsam und geschickt meine Schulter. Langsam ließen die Schmerzen nach, und ich fühlte mich wieder besser.

Das Mädchen versicherte mir, in ihrer jetzt immer leichter fließenden Sprache, was für ein Glück wir doch mit diesem frischen Vogel hätten, der obendrein noch so prächtig fett sei. Und wie schön es sei, daß ich wieder gesund sei und Beute nach Hause bringen könnte. Fast hätte ich über die wohlbekannten Lobsprüche gelacht, die Mütter und Schwestern stets auf ihre heranwachsenden Söhne und Brüder verschwenden, wenn sie ihre erste Jagdbeute erlegt haben. Oder auch auf einen Kranken, der wieder jagen kann und sein erstes Wild heimbringt.

Doch da verstummte Jay plötzlich und starrte mit einem langen Seufzer westwärts über das Tal . . .

In weiter Ferne stieg ein dünner, weißer Rauch aus dem Wald! Ein Irrtum war ausgeschlossen, Nebel konnte es nicht sein. Nur ein Lagerfeuer, das eine Gruppe von Jägern angezündet hatte. Denn Krieger, die auf unserer Spur waren, hätten sich gehütet, am hellichten Tag einen Rauchstreifen sichtbar werden zu lassen.

Das war eine tödliche Bedrohung für unser sicheres Versteck, in dem wir in aller Ruhe und mit Hilfe von Jays Vorräten Kräfte gesammelt hatten.

»Ich muß Simudaikain warnen!« flüsterte sie erschrokken. »Sie jagt bestimmt unten bei den Biberteichen!«

Ehe ich mich besonnen hatte, war sie schon aufgesprungen und verschwunden. Ich rief ihr befehlend nach, sofort stehenzubleiben, doch zu spät. Da befiel mich die scheußliche Angst, sie sei durch das Unterholz den Berg hinauf zum Lagerfeuer gelaufen. Und schnell würde der Stoßtrupp eines Katavberhaufens hier ankommen . . .

Ich rannte zur Hütte und warnte Kitomacken, der Jays Flucht kopfschüttelnd zur Kenntnis nahm. Dann steckte er die Finger in den Mund und stieß seinen durchdringenden Falkenruf aus, der im Umkreis von mehreren Pfeilschußweiten durch die Luft hallte und mit seinem gellenden Ende vor einer Gefahr warnte. Vor Anstrengung faßte er sich hinterher an die Brust, stand aber sofort mit seinem Gepäck auf dem Rücken, dem Bogen in der Hand und Keule und Messer am Gürtel abmarschbereit da.

Nachdem wir auch die Sachen der Mädchen aufgeteilt hatten, schlüpften wir ins Gebüsch, wo wir jeden hätten sehen können. Mein Herz klopfte wild, und über der Aufregung hatte ich fast vergessen, wie schwach mein Arm noch war. Ich merkte es erst wieder, als ich meinen Bogen spannen wollte.

Wohin mochte Jay geflohen sein?

Und wie weit entfernt war Simudaikain?

Kitomacken gab mir ein Zeichen, daß wir nicht länger warten konnten, und so flohen wir im Flußbett, wo uns keine Spuren verrieten.

»Aber Simudaikain?« fragte ich.

Mit gefaßter Sorge schaute er kopfschüttelnd an mir vorbei, ging aber weiter. Erst nachdem wir viele Pfeilweiten zurückgelegt hatten, blieb er stehen und balancierte über einen umgefallenen Baumstamm aufs Trockene. Dort bewegte er sich vorsichtig vorwärts, bis wir auf einen Bergrücken einen großen Walnußbaum erreicht hatten. Von hier aus konnten wir das Tal überblicken und jeden sehen, der uns folgte.

Er ließ sich im Schatten nieder, wo ihn auf zehn Schritt niemand entdecken konnte, und lächelte übers ganze Gesicht. »Lange können wir hier aber nicht bleiben«, flüsterte er dann aufatmend. »Simudaikain versteht meine Gedanken zu lesen und weiß, wohin wir gehen. Es wäre eine große Dummheit gewesen, wenn wir da unten geblieben wären, wo man uns so leicht entdecken kann. Wir müssen eben darauf vertrauen, daß sie sich von niemandem überraschen läßt.«

Damit lehnte er sich bequem zurück und versuchte, seinen Husten zu unterdrücken. Doch er wandte seinen Blick nicht von dem Weg, den wir gekommen waren. Als die Sonne unterging, schüttelte er enttäuscht seinen Kopf und erhob sich. Er brach einen Zweig aus der Krone des Walnußbaums und steckte ihn zwischen ein paar andere

Zweige. Dann schlug er die Richtung südwärts zum Schneegebirge ein. Bis unser kleines Tal in der Dämmerung verschwunden war, vermieden wir alle einsehbaren Plätze und Bergrücken. Erst als er beim Luftholen röchelte, verringerte Kitomacken sein schnelles Tempo. Schließlich ließ er sich auf einem kleinen Hügel in einem dichten Gebüsch nieder.

»Die Kleine Tante wird uns hier nie finden«, murmelte ich traurig, als ich mich neben ihm niederwarf. »Sie weiß ja nicht einmal, in welche Richtung wir gelaufen sind. Und in der Finsternis entdeckt man hier niemanden.«

Er warf mir einen fast feindseligen Blick zu, als wollte er nicht an das erinnert werden, wovor er selber Angst hatte. Als Antwort bekam ich nur ein Knurren zu hören. Er murmelte, daß er hätte vorauseilen müssen, um uns auf der Flucht nicht zu behindern. Und sie würde schon wissen, wo sie uns zu suchen habe.

Die Dunkelheit wurde größer, und Kälte stieg auf. Hinter uns verschwammen die hohen, weißen Bergspitzen im schwarzen Himmel. Aus der Ferne leuchtete der Mond, als hätte jemand oben am Himmel, in der Heimat der Kälte, ein Lagerfeuer angezündet, zu dem wir irgendwie hinaufgelangen sollten.

Ich hatte keine Hoffnung mehr, Simudaikain je wiederzusehen. Die Kleine Tante würde uns nie finden, wenn nicht ein wunderbarer Glücksfall . . . Wenn sie jetzt nicht zu uns stieß, dann war sie in einen Hinterhalt geraten, angelockt von der heimtückischen Jay, mit der ich einmal Mitleid gehabt hatte und die so freundlich Leben in meine Schulter geknetet hatte, daß ich meinen Bogen einfach nicht auf sie spannen konnte. Ich besaß nur vier Pfeile mit Knochenspitzen, doch die waren gut genug geschärft, um mein Leben verteidigen zu können. Außerdem hingen die Schlagkeule und ein Schilfrohrmesser an meinem Gürtel.

Die Dunkelheit verdichtete sich zur Nacht, und Kitomacken seufzte fast lautlos vor Sorge und Enttäuschung, als begänne nun langsam seine feste Hoffnung zu schwinden. Nachdem er sich noch einmal nachdenklich mit der Hand über seine Stirn gefahren war, legte er sich zur Ruhe, doch ich sah seine Augen leuchten und unentwegt spähen.

»Wollen wir nicht weiter?« fragte ich. »Jetzt in der Finsternis kann uns keiner sehen. Vielleicht errät sie, welchen Bergpaß wir gewählt haben, und holt uns dort oben ein. Aber hier, wo wir jetzt sind, findet sie uns bestimmt nicht.«

»Sie weiß, wo wir sind«, knurrte er. »Wenn sie am Leben ist, dann kommt sie hierher. Tut sie das nicht . . .«

Er schluckte plötzlich, sprang auf, und der dünne Vogelpfiff hallte zwischen seinen Fingern. Aus der Nacht antwortete eine Spottdrossel, schon ziemlich nah, oben von dem Bergrücken mit dem großen Walnußbaum. Da wurde mir auf einmal klar . . .

Ein Walnußbaum vor der Hütte, in der wir gewohnt hatten! Und ein Walnußbaum auf dem Bergrücken, wo wir gerastet hatten und die Hütte noch gut sehen konnten. Der Zweig, der von dort in die Richtung wies, die wir eingeschlagen hatten!

Dann war Simudaikain bei uns, und hinter ihr erschien Jay. Kitomacken nahm Simudaikains Hand, zog sie zu sich herunter und flüsterte mit ihr. Er wollte wissen, ob sie etwas bemerkt habe, doch sie schüttelte ihren Kopf.

»Ich habe erst durch Jay von dem Rauch gehört, den ihr gesehen habt. Und da sind wir im Kreis um das Lager herumgegangen, um nicht in einen Hinterhalt zu fallen. Dann sind wir deinen Spuren gefolgt.«

Sie schien nicht einmal erhitzt von ihrem langen Marsch, obwohl sie noch einen Truthahn auf der Schulter trug. Jay keuchte dagegen vor Erschöpfung.

Wegen der Kälte lagen wir so dicht zusammengedrängt

wie möglich. Die Nächte hier oben in den Bergen waren nämlich sehr frisch. Während ich Wache hielt, hörte ich Jay mit den Zähnen klappern, und weil ich selber nicht fror, legte ich meinen Mantel über sie. Ihr Schlaf wurde darauf auch sofort ruhiger. Erst in der Morgendämmerung, als dic anderen aufwachten, sich reckten, streckten und sich enttäuscht umschauten, weil sie nicht mehr in der trockenen, warmen Hütte waren, nahm ich meinen Mantel wieder.

Wir spähten durch das klare Morgenlicht in der Richtung, wo wir den fernen Rauch vermuteten. Er war aber nun verschwunden. Damit wußte ich also immer noch nichts über das Feuer, das wir gesehen hatten und das uns von dem Platz hatte aufbrechen lassen, an dem wir uns fast einen ganzen Mondumlauf ausgeruht hatten.

Wir wandten uns dann zu dem gewaltigen Schneegebirge und opferten den dort lebenden mächtigen Geistern Tabak. Danach suchten wir uns einen Pfad, der dicht unter dem Himmelsrand an ihren Wohnungen vorbeiführte.

Schachtel aus Birkenrinde

16. Kapitel

Rings um uns erhoben sich die steilen Wände der weißen Berge. Es war fast unmöglich weiterzuklettern. Es gab weder Weg noch Steg, nur einen Bergpaß, über den wir hinwegzukommen hofften. Alles war unheimlich verlassen, nichts als schwarze Felsen, die über uns hingen, und hoch oben Manitous weiße Wohnungen. Kein einziger kleiner Busch, nirgends ein Grasbüschel zum Feuermachen, nur Moos und hier und da Flechten. Der Wind fuhr uns eiskalt in die Mäntel. Dazu dröhnte es so merkwürdig in unseren Ohren, als wären sie verstopft, und das Atmen fiel uns schwer, als wäre die Luft hier in der Heimat des Allmächtigen Geistes scharf und gefährlich.

Wenn wir zum Atemholen stehenblieben, opferten wir Tabak und baten unsere Schutzgeister um Fürsprache bei dem mächtigen Beherrscher dieses Bergs. Überall spürten wir unsichtbare Wesen um uns. Manchmal klangen ihre hallenden Stimmen von den Bergwänden zu uns herunter. Sie konnten auch die Gestalt eines riesigen, weißen Wirbels annehmen, der sich auf uns herunterstürzte und ein Stück vom Berg mit sich riß, um das wir dann herumklettern mußten. Und hin und wieder schwebten Wald- und Berggeister grün und leibhaftig in der Luft. Aus Kitomakkens Brust keuchte es manchmal, als müßte er ersticken. Doch er schwieg und schleppte sich mit erbitterter Kraft weiter, wie einer, der sich nicht besiegen lassen will. Dabei trug er genauso Gepäck wie wir.

Jay hatte am meisten Angst. Sie besaß ja noch keinen eigenen Schutzgeist und war dem Manitou ihres Volkes davongelaufen. Nun fürchtete sie, daß man sie hier oben, wo alles so feindselig war, daß sogar die Luft stach und die Berge in den engen Schluchten wie Donner grollten, holen könnte.

Hier gab es weder Holz für ein wärmendes Feuer noch Wild. Was wir an Nahrung mitgeführt hatten, war aufgegessen. Zähneklappernd machten wir Rast und krochen eng zusammen, um nicht zu erfrieren. Unsere Glieder waren schon erstarrt. Es war der »Wurmmonat«, den die Weißen März nennen, und in dem in unserem Land der Schnee schmilzt und an den Bächen der Stinkkohl blüht und die Würmer und Fliegen wieder hervorkommen. Im Süden ist nie richtiger Winter, nicht einmal im »Dunklen Monat«. Dafür scheint hier in den Bergen mitten im Sommer die böseste Kälte zu herrschen.

Simudaikain kletterte an einem Seil die Bergwand empor. Dann ließ sie es herunter, damit wir uns daran hochziehen und oben weiterklettern konnten. Doch unser Pfad wurde immer dunkler, und so mußten wir schließlich oben auf dem Berg, geschützt zwischen ein paar Felsblöcken, unser Lager aufschlagen und dort versuchen, wenigstens ein bißchen zu schlafen.

Die Sterne glänzten ganz nah, und der Weg der Geister war wie ein Strom heller Kieselsteine, durch die der Mond schien. Kleine Schattenwesen wanderten nach Westen in die Heimat der guten Geister. Schließlich erstarben die Erscheinungen in der Dunkelheit. Schwarze Wolken zogen wie heimtückische Gespenster zwischen den Bergen, ballten sich zusammen, bedrohten uns jedoch nicht.

Endlich konnte ich einschlafen, wachte aber plötzlich wieder auf! Jay hatte neben mir gelegen, so daß ich im Schlaf ihre Wärme fühlte. Nun schreckte ich hoch, weil es an meiner Seite kühl wurde.

Jay war geflohen!

Auf mein Rufen wachten auch die anderen auf, und Simudaikain stürzte davon. Ich bin zwar flink auf den Beinen, doch sie rannte wie ein Hirsch, ohne sich überhaupt nach den Spuren umzusehen. Sie sauste den glatten Pfad entlang, der zu dem Hohlweg führte, den wir hochgeklettert waren. Und kehrte kurz darauf schon mit dem weinenden Mädchen zurück. Jay gestand, daß sie nur aus Angst vor dem Allmächtigen Geist hier oben geflohen sei. Denn sie besaß ja keinen Manitou wie wir. Und war noch ein Kind.

Wir überlegten, ob wir sie nicht lieber töten sollten, wenn wir ihr nicht vertrauen konnten. Doch das mochte keiner von uns tun. Sie war so lange bei uns, daß sie trotz dieses Vorfalls schon ganz zu uns gehörte. Simudaikain erzählte, daß, als sie sie entdeckt habe, Jay zwar das Blasrohr auf sie gerichtet habe, aber nicht die Luft habe sammeln können, um den Pfeil abzuschießen. Statt dessen sei sie weinend zusammengesunken. So begnügten wir uns damit, sie zu fesseln.

Jay schluchzte vor Angst vor den schrecklichen, schwarzen Wolken, die immer näher kamen. Ich schauderte auch und legte mich schließlich zu ihr, damit wir uns unsere Wärme teilten. Darauf wurde sie schnell ruhiger. Ich ließ sie noch meinen heiligen Beutel berühren, dessen Macht sich ja als so groß erwiesen hatte, daß er ihr ein bißchen Schutz abgeben konnte. Beruhigt schlief sie ein, und es war schön, in der bitterkalten Nacht an ihrer Seite zu liegen.

Als wir erwachten, war die Dunkelheit fort, doch uns umhüllten so dichte, weiße Nebel, daß wir nur ein paar Schritte weit sehen konnten und nicht wußten, ob wir unseren Weg fortsetzen sollten. Überall konnten Schluchten lauern und Abgründe gähnen, und wir konnten uns nicht an der Sonne orientieren.

Doch Kitomacken erklärte, er habe es satt, hier noch länger still herumzuliegen und sich krank zu frieren. Er wollte weiter, irgendwohin, wo wir ein Feuer machen konnten. Außerdem mußten wir bald dort sein, wo der Berg wieder abfiel.

Langsam vorausgehend, tastete er sich mit seinem Bogen vorwärts. Die Bewegung machte warm, und als wir merkten, daß wir allmählich die abschüssigen Steilhänge erreichten, gingen wir schneller.

Allmählich hellte sich der Himmel auf. Die Nebel sanken, um uns herum wurde es immer klarer, bis wir schließlich mitten im hellen Sonnenlicht standen und die mächtigen Hütten der Manitous auf den verschneiten Bergen hinter uns sahen. Nachdem wir ihnen Tabak geopfert hatten, sanken die Nebel noch tiefer und lagen nun wie ein wolliges Land zu unseren Füßen. Es leuchtete so stark, daß unsere Augen schmerzten. Vor uns entdeckten wir jetzt eine Stelle, von der wir absteigen konnten. Simudaikain übernahm die Führung. Jetzt wagten wir auch, Jay wieder frei laufen zu lassen, und gaben ihr ihr Gepäck und ihre Waffen zurück.

Beim Abstieg verflüchtigte sich das vor uns liegende Wolkenland, und wir gerieten wieder in leichte Nebelschwaden, doch wir konnten beim Klettern genug sehen. Zur Mittagszeit entdeckten wir in den Bergspalten die ersten Grasbüschel und Büsche.

Und dann erblickten wir ein düsteres, graues Land mit langen Bergrücken und kleinen Tälern fast so wie bei uns im Norden.

Wir hungerten immer noch. Bevor es jedoch Abend geworden war, hatte Jay mit ihrem Blasrohr eine große Taube erlegt, auch Simudaikain hatte eine getötet. In einem geschützten Hohlweg konnten wir endlich ein Feuer anzünden und uns wärmen und satt essen.

Bisher hatten wir keine Feinde gesehen. Auch der Himmelsgeist des Berges hatte uns nichts Böses antun können. Unten in den Wäldern konnten wir uns wieder Nahrung verschaffen.

Zur Nacht fesselten wir zur Sicherheit Jays Füße. Ich nahm ihren Kopf in meine Arme, damit sie nicht so unbequem lag, und ich eventuell einen Fluchtversuch bemerkte, aber auch, weil sie so erleichtert seufzte und ihre Wärme so angenehm war.

»Ich mag mir gar nicht vorstellen, wie ich allein über diesen Berg hätte kommen sollen«, murmelte sie und rieb dabei ihren Kopf an meiner Schulter. »Ich hätte mich nicht auf ihn hinaufgetraut und wäre nie hier angelangt.«

Vom Feuer gewärmt und in unsere Mäntel gewickelt, schliefen wir, vor den eiskalten Bergwinden geschützt, ruhig ein.

Als ich aufwachte, saß Simudaikain am Feuer. Die Sonne schien ihr auf den Rücken, während sie aus den Taubenknochen und Kräutern eine Suppe kochte. Das war alles, was es gab. Es stärkte uns nicht sehr, aber es wärmte, und wir marschierten guten Muts weiter.

Die Wolken segelten davon und die gewellte Hügel- und Waldlandschaft sahen wir im hellen Tageslicht nun viel näher vor uns liegen. Sie hatte viel Ähnlichkeit mit unserer Heimat, nur daß die Wälder hier graugrün gefärbt waren. Einzelne hohe Palmen hoben sich heraus, und auf den Hängen wuchs gewaltiges Schneidegras, und in den Tälern standen Haine aus großen Laubbäumen, von denen dunkles Hängemoos herabhing.

»Seht mal, da . . .!«

Wir starrten wie verzaubert! Tief unten floß ein Fluß, und vor ihm, gar nicht weit entfernt – so schien es jedenfalls in der klaren Luft – war eine gerodete Fläche! Da stand eine Pfahlmauer um große runde Hütten, die denen unseres eigenen Volks so glichen, daß es uns den Atem verschlug.

Auch Simudaikain rief plötzlich: »Das ist ja wie zu Hause!«

Jay hob die Arme und schrie wie der Vogel, dessen Namen sie trug: »Genauso . . . genauso hat mir meine Mutter ihr Dorf beschrieben! Keine Wände aus Baumstämmen, nur gewölbte Rindenstreifen und Bastmatten. Da lebt die Sippe meiner Mutter.«

Und sie rannte los.

Kopfbedeckungen mit Federschmuck

17. Kapitel

Erst nach einer längeren Jagd hatten wir sie eingeholt. Sie fiel auf die Knie und flehte, daß wir sie doch nicht fesseln sollten! Denn sie habe uns ja gar nicht weglaufen wollen, sondern sich nur aus Freude, daß sie ihre Verwandten wiedersehen würde, vergessen. Als wir sie doch am Fangriemen festgebunden hatten, erklärten wir ihr, daß sie zur Sicherheit bei uns bleiben müßte, denn wir könnten ja auch von ihrer Sippe angegriffen werden. Obwohl wir so schnell gingen, wie wir konnten, verloren wir das Bild im Wirrwarr der vielen Bergtäler bald aus den Augen. Erst am Abend, als wir wieder auf einem Hügel standen und den Fluß glänzen sahen, meinten wir, den Hang zu erkennen, vor dem das Dorf lag.

Merkwürdig ... Oder täuschten uns unsere Augen? Um diese Zeit wurde doch gekocht, da mußten doch Feuer leuchten und Rauchwolken in die Baumkronen ziehen, so daß man das Dorf schon auf die Entfernung von einem Tagesmarsch sah? Aber wir erblickten da vorn in der Lichtung nichts weiter als einen dunklen Schatten!

»Kann dein Volk seine Dörfer für Feinde und Fremde mit irgendeinem Zaubertrick unsichtbar machen und sich damit schützen?«

Jay schüttelte genauso verwirrt wie wir ihren Kopf. Darauf nahm Kitomacken einen Pfeil und schaute an seinem Schaft entlang, als ob er dadurch hinten in der Dämmerung einen bestimmten Punkt fester ins Auge bekommen wollte. Und dann schüttelte auch er verwundert den Kopf.

»Da ganz hinten scheint etwas zu sein, doch gespenstisch dunkel! Aber mit einem Dorf, wo abends keine Feuer zu sehen sind, stimmt etwas nicht. Am besten ist, wir pirschen uns ganz vorsichtig heran, damit wir nicht in eine Stammesfehde geraten und für Feinde gehalten werden.«

Nachdem wir uns in ein geschütztes Tal zurückgezogen hatten, zündeten wir uns zum Kochen ein kleines Feuer an. Wir hatten genug Stinkkohl und Wilderbsen gefunden und an den Bächen ein paar Schildkröten erlegt, so daß wir uns richtig satt essen konnten. Dabei erzählte Jay, was sie von ihrer Mutter über das Land ihrer Eltern wußte. Und ich war so gespannt, als sollte ich nach dem ewigen Umherziehen endlich wieder nach Hause kommen.

Der Morgen brachte wieder kalten Nebel, doch es war wärmer als in den Bergen. Wir gingen den rinnenden Quellen nach und wohin die Zweige der Bäume uns wiesen. Als wir noch gar nicht lange unterwegs waren, erreichten wir einen schmalen Pfad, dem wir ins Dorf folgten. Und dann entdeckten wir auch schon Schlingen im Gebüsch und Fischreusen in den Bächen. Kitomacken brach einen belaubten Zweig ab und trug ihn als Friedenszeichen vor sich her.

»Komisch, daß wir keinen Menschen und auch keine frische Spuren sehen.«

Jetzt tauchten die ersten Lichtungen auf. Mais, Bohnen, Melonen, Sonnenblumen und Tabak waren dort geerntet worden, Reste lagen noch auf großen, welken Haufen. Der Pfad war breit und festgetrampelt, schien jedoch lange von keinem Menschen mehr begangen zu sein. – Dabei war jetzt bald Tag, die ersten Dorfbewohner müßten schon bei der Arbeit sein!

Der *iila* hieß uns stehenbleiben, schwenkte seinen Zweig und faßte prüfend nach dem Bogengriff.

»Hier geht es nicht mit rechten Dingen zu! Vielleicht ein Hinterhalt oder . . .«

Er befahl uns äußerste Vorsicht und schlich leicht wie ein Luchs von Versteck zu Versteck, von Schatten zu Schatten, fast unsichtbar für unsere Blicke, die ihm überallhin folgten.

So behutsam wir konnten, glitten wir hinter ihm her, bereit, bei jeder auftauchenden Gefahr in Deckung zu gehen. Als sich die Äcker zum Dorf hin öffneten, erblickten wir die Palisade aus dicken Baumstämmen, die es schützend umgab. Aber noch immer keine Menschen. Unten am Ufer standen in langer Reihe die Bootshäuser und die Hütten zum Dampfbaden. Die Häuser des Dorfes waren wie bei uns groß und gewölbt, nur die Dächer waren anders gedeckt.

Nicht einmal ein Hund schlug an!

»Seht!«

Da entdeckten wir – als hätten wir plötzlich neue Augen bekommen – daß das, was wir von weitem für einen großen Holzhaufen gehalten hatten, in Wirklichkeit erschlagene, skalpierte Männer waren, die übereinander lagen!

Wir standen lange wie gelähmt. Doch als dann ein gewaltiger, schwarzer Vogel angeflattert kam und sich mit ausgebreiteten Flügeln wie *pauguk* selber auf die Toten setzte, da schwirrte auf einmal Kitomackens Pfeil durch die Luft, und der Geier sank mit seinen weiten Schwingen über den Leichen zusammen.

Kitomacken befahl, daß wir uns verstecken sollten, während er im Schatten der Pfahlmauer vorwärts schlich. Mit seinem Pfeil berührte er einen der Körper, und nachdem er noch einmal ins Dorf gespäht hatte, sagte er:

»Das muß schon vor mehreren Tagen geschehen sein. Aber Feinde haben sich hier nicht versteckt! Denn dann würden keine Geier umherfliegen. Bleibt mit unserer Gefangenen hier und behaltet Wald und Fluß im Auge, damit wir nicht überrascht werden. Ich suche im Dorf nach einem Fluchtweg, ehe wir alle hineingehen. Wenn die Feinde das Dorf auch geplündert haben, so wird es da noch genug geben, was wir gut brauchen können.«

Darauf verschwand er mit erhobenem Bogen durchs Tor, und wir sahen die Geier mit gellenden Schreien auffliegen.

»Sie haben mein Volk ermordet . . .« flüsterte Jay und streckte flehend ihre gefesselten Hände zu uns empor. »Ach, darf ich mich denn nicht wenigstens verteidigen, wenn sie uns auch angreifen?«

Nachdem Simudaikain und ich einen Blick gewechselt hatten, lösten wir den Fangriemen von ihren Händen. Ich gab ihr Blasrohr und Köcher, Beil und Messer, und Jay atmete erleichtert auf. Wir versteckten uns zwischen den Bootshäusern. Dort konnten wir bei Gefahr Kitomacken rufen und ins Gebüsch fliehen.

Aber wir hörten nur die gequälten Rufe der Totenseelen, das Geiergeschrei und das schwere Flügelschlagen, als Kitomacken die Vögel verjagte.

Als uns dann sein Falkenruf rief, folgten wir ihm. Alle Häuser waren verlassen. Überall lagen erschlagene Menschen, selbst die Hunde hatten sie nicht leben lassen.

Kitomacken hielt sich im Schatten einer hohen Eiche verborgen, die ihre Zweige über das Pfahlwerk streckte. Von dort winkte er uns jetzt. Wir konnten bei Gefahr leicht in die Baumkronen klettern, uns von den Zweigen auf den Acker hinunterlassen und uns dann in den Büschen verstecken.

»Nirgends Leben?«

»Nein, aber fast sechzig Tote, meist alte Männer. Ein feindlicher Stamm hat das Dorf nachts überfallen, und kein einziger Bewohner scheint davongekommen zu sein. Die meisten Männer müssen wohl auf dem Kriegspfad gewesen sein. Denn es sind wenig Krieger unter den Toten.

Wenn sie lebend geflüchtet wären, dann wären sie bestimmt zurückgekehrt, um ihre Leute zu begraben. Hier am Baumstamm steht in Bilderschrift auf einer Rindentafel, daß die Sieger Yamasier aus dem Norden gewesen sind. Über hundert Gefangene hätten sie genommen, prahlen sie, junge Männer, Kinder und Frauen – und alle übrigen erschlagen . . . Und sie fordern die Shawnee auf, Rache zu nehmen, falls sie dazu fähig seien. Das würde ein Krieg auf Leben und Tod werden. Denn die Yamasier sind zwar ein großes Volk, doch ich weiß, daß kein Volk solche Krieger hat wie die Shawnee.«

»Paßt auf!«

Simudaikain, die am Dorftor Wache hielt, hatte den Warnruf ausgestoßen und zeigte auf die Toten. Wir wichen zurück und hoben unsere Waffen.

Eine der stillen, skalpierten Gestalten hatte sich bewegt . . . Jetzt wälzte sich der Mann mühsam auf dem Bauch heran und blickte uns an. Er versuchte, weiter zu kriechen, und hob dabei seine Arme zu der Bilderschrift am Baumstamm empor. Dann wollte er etwas sagen, doch ein Röcheln erstickte seine Worte, so daß wir nichts verstanden. Darauf streckte er seinen Arm aus, bekam die Rindertafel zu fassen und riß sie herunter. Er schob sie unter sich, als wollte er sie verstecken, und blieb dann still liegen. Für immer.

Die Geier, die bei unserer Ankunft in die Bäume geflogen waren, schlugen ihre schwarzen Flügel wie schwere Schatten über uns und schrien . . .

Schüssel

18. Kapitel

Wir hatten mitten auf dem Dorfplatz aus zwölf verschiedenen Holzarten ein Feuer vorbereitet, Schalen mit Suppe aufgestellt und rund um den Holzstoß Tabak gestreut. Als der Abendstern durch die Blätter der großen Eichen leuchtete, zündete Kitomacken das Feuer an und schleuderte die Flamme nach allen Seiten, um die bösen Manitous zu verscheuchen. Mit erhobenen Armen bat er dann den Allmächtigen um gutes Geleit für diese armen Toten, damit sie die Winterstraße, den Weg aller Verstorbenen, fänden und hinter dem Westhimmel in die Heimat der Seelen gelangten.

Er dankte den Toten für all das Gute, was wir uns aus ihren verlassenen Hütten genommen hatten. Sie brauchten es ja doch nicht mehr, während es uns auf unserem langen Heimweg vielleicht das Leben retten konnte. Zugleich erinnerte er daran, was wir für die Toten getan hatten. Wir hatten sie in ihre Hütten gelegt, ihnen Essen und Trinken hingestellt, dann alles gut abgeschlossen, um die Raubtiere fernzuhalten, bis die Angehörigen der Toten kommen und sich um ihre Grablegung kümmern würden.

Als der Holzstoß mit heller Flamme brannte und seinen Schein über das verlassene Dorf ausbreitete, brachen wir auf und zogen in ein abgelegenes Laubwäldchen unten am Fluß. Dort zündeten wir uns zum Kochen ein kleines Feuer an und getrauten uns endlich auszuruhen. Wir waren schnell satt und kamen uns unglaublich reich vor. Obwohl das Dorf geplündert worden war und alle Pelze, Wampums, Feuerwaffen und Silbersachen fehlten, so hatten wir doch gute Messer, Beile, Werkzeuge und eine Menge von Pfeilen mit Eisenspitzen gefunden.

Uns gehörten jetzt Kochtöpfe und mehrere Säcke Fleischmehl und anderes Gemahlenes, was wir solange entbehrt hatten. Wir hatten prächtige Kleider, warme Felle und Mäntel.

Außerdem besaßen wir noch ein ganzes Otterfell voll guten Tabak. Wir konnten also unseren Schutzgeistern Opfer bringen und ihnen danken, daß sie uns so gut geschützt und dorthin geführt hatten, wo wir diese wunderbaren Gaben gefunden hatten. Nun atmeten wir den heiligen Rauch in alle Himmelsrichtungen aus und bliesen ihn zum Himmelsgeist empor und zur Erdmutter in das Dämmerreich hinter den grauen Moosvorhängen hinunter. Ganz besonders dankten wir noch einmal den Toten und baten Manitou, daß er sie leicht und ohne Prüfungen über den Himmel wandern lassen möge.

Verwirrt und bekümmert fragten wir uns jedoch, was das Ganze bedeuten könnte. Jay schluchzte ab und zu. Wir wußten nicht, womit wir sie trösten sollten.

Kitomacken fing wieder an zu husten, doch der Husten war jetzt schon mehr Gewohnheit, als daß die verletzte Brust daran schuld gewesen wäre. Und während er den Rauch ausstieß, erklärte er: »Bei allem Unglück haben wir doch merkwürdig viel Glück gehabt. Erst einmal, daß du eingegriffen hast, Simudaikain, und dann, daß wir Jay gefunden haben, die uns hierher geführt hat. Aber wir stehen noch mitten in den Gefahren. Wir dürfen nicht glauben, einfach nach Nordwesten marschieren zu können. Dann würden wir wahrscheinlich diese Yamasier einholen und von ihnen wegen unserer Sprache für Shawnees gehalten werden. Vor knapp zwei Tagen haben sie das Dorf erst verlassen, und weit können sie noch nicht gekommen sein, denn sie haben hundert Gefangene bei sich und eine Menge schwerer Beute zu schleppen. Der Weg ins Land des Blauen Schilfs ist alles andere als gut, und weiter im Innern trifft man im Norden auf das Land des Unamivolks, also müssen sie dort doppelt vorsichtig sein.«

Während wir noch unschlüssig dasaßen, schaute Jay plötzlich auf und fragte: »Aber habt ihr denn nicht verstanden, was der Sterbende gesagt hat? Er hat in der Sprache meiner Mutter gesprochen ... ›Nicht Yamasier, sondern *voapsits* und *saksusits*‹. Nur weiße und schwarze Gesichter, hat er gesagt, und dann ist er tot umgefallen.«

Zuerst starrten wir sie verblüfft an, dann schauten wir uns gegenseitig an, und schließlich sagte Kitomacken kopfschüttelnd: »Nein, im ganzen Dorf war kein einziger Abdruck von den Absätzen der weißen Männer. Und keine einzige Spur von einem *chingtagve*, dem Stahlfuß, von dem sich die Weißen tragen lassen. Nur Spuren von den Ledersocken der roten Männer und den Bastsohlen des Volks aus dem Süden. Du mußt seine Worte falsch verstanden haben!«

»Aber ich hab seine Worte so verstanden«, beharrte sie, »und er hat doch auch das Bild mit dem Schuldbekenntnis der Yamasier heruntergerissen.«

Wie um einen so unsinnigen Gedanken von sich abzuschütteln, machte Kitomacken mit seinem Kopf eine abwehrende Bewegung in ihre Richtung, aber dann räumte er ein: »Warte einmal ... Da waren natürlich ungewöhnlich viele mit Feuerbüchsen getötet. Weitaus mehr als durch Pfeile. Ja, und manche waren von Pfeilen getötet, die ich vorher noch nie gesehen hatte. Aber das waren nicht viele. Dafür waren aber viele mit den langen Messern der *voapsits* erstochen. Und der eine und andere trug Verletzungen von den scharfen Steinkeulen des Volks aus dem Südland, die so böse Fleischwunden schlagen ...«

Nach kurzem Grübeln schüttelte er dann wieder verwirrt seinen Kopf: »Wenn du das nicht gesagt hättest, Mädchen, hätte ich keinen Gedanken auf die Sache verschwendet.

Im Herzen des weißen Mannes ist viel Schlechtigkeit. Geiz, Verlogenheit, Grausamkeit und Dummheit. Aber niemals so schwarze Bosheit! Keins der Bleichgesichter, das ich kenne, würde so etwas tun können. Erst solch ein heimtückischer Überfall und dann Spuren hinterlassen, die ein anderes rotes Volk mit der Schuld beladen und zwei Völker in einen Krieg treiben. Nein, so etwas kann kein Volk begehen!«

Sorgenvoll und verwirrt schüttelte Jay ihren kleinen Kopf. Sie konnte es genausowenig fassen wie wir. Zum Trost bot ich ihr meine Pfeife an, die sie auch nahm.

Die Nacht um uns war voller furchterregender, fremder Geräusche und Laute. Die heimtückischen Riesenechsen brüllten unten im Sumpf, und aus dem Wald kamen Vogelschreie, die wir nicht kannten. Aber als ich flußabwärts von weither das Krachen gefällter Bäume hörte, da wußte ich, daß Bruder Biber arbeitete, und das war ein gutes Zeichen. Wir sehnten uns nach unserer Heimat am ruhigen Delaware-Fluß, und wir wollten aus diesem Land mit seinen tödlichen Gefahren und Rätseln heraus. Aber dann fielen mir die Menschen im Dorf wieder ein, die jetzt im Feuerschein des für ihre Todesfahrt angezündeten Scheiterhaufens lagen. Vor ein paar Tagen hatten sie noch geglaubt, sicher und geborgen zu leben und vielleicht auch von allen gefährlichen, langen Märschen heil heimzukommen.

Nun waren die Dorfbewohner erschlagen, oder sie gingen als Gefangene einem unbekannten Schicksal entgegen.

Plötzlich überlief es mich eiskalt. Denn von weither aus den Wäldern des Westens ertönte das dumpfe Brüllen eines jagenden Berglöwen. Ich bekam eine Gänsehaut – gerade dieses Gebiet hatten wir uns für unseren Heimweg ausgesucht.

»Woher kam die Spur der Feinde?«

Simudaikain wies mit ihrem Arm flußaufwärts.

»Sie sind mit Booten vor dem Dorf gelandet. Und ihre Spuren führen vom Fluß fort und wieder zurück. Wasser hinterläßt ja keine Spuren. Aber es ist sehr unwahrscheinlich, daß sie flußabwärts hierher gekommen sind. Sie wären zu leicht gesehen worden, als sie vorbeiruderten, um oberhalb des Dorfes zu landen. Das Land der Yamasier liegt ja auch im Norden. Also sind sie wohl auf einem nördlichen Nebenfluß gekommen, dann in der Dämmerung herübergerudert und haben das Dorf überfallen.«

Nachdem sie eine Weile nachgedacht hatte, schüttelte sie jedoch zweifelnd ihren Kopf.

»Doch das sind nur Vermutungen. Sie haben ihre Boote nicht aufs Ufer gezogen, sondern sie im Wasser bewacht. Entweder wollten sie schnell fliehen können, falls sie zurückgeschlagen wurden, oder aber . . .«

Und als sie dann fortfuhr, leuchteten ihre Augen: »Oder aber, die Boote mit denen sie gekommen waren, sind zu schwer gewesen, um sie an Land zu ziehen. Sie hätten Spuren hinterlassen, die ganz anders ausgesehen hätten als die der leichten Einbäume des roten Mannes.«

Während wir verwirrt grübelten, wandte sich Kitomakken an Jay, streckte ihr seine Pfeife hin und fragte: »Kannst du bei dem heiligen Rauch dieser Pfeife schwören, daß du genau diese Worte von dem Sterbenden gehört hast? Nur diese Worte und nichts anderes?«

Sie nickte und umfaßte gleichzeitig zitternd ihren Kopf.

»Gewiß . . . Nein. In seiner Todesqual hat er ja nur noch geröchelt, aber ich habe seine Worte und seine Absicht so verstanden, als er das Bild herunterriß, das die

Schuld der Yamasier zeigte. Meine Mutter hat auch nie davon gesprochen, daß wir Krieg mit ihnen gehabt hätten. Wir haben uns mit den Katavbern oben im Norden geschlagen und mit den Muskogees im Süden. Auch mit den *voapsits* sind wir immer befreundet gewesen, hat sie erzählt. Die sind immer in das Dorf meiner Mutter gekommen und haben dort viele kostbare, prächtige Sachen verkauft.«

Ich blies meinen Rauch nach Osten, wo ich Bruder Biber arbeiten hörte.

»Aber wohin wollen wir uns nun eigentlich wenden?« fragte ich dann. »Im Norden sind die Katavber, flußaufwärts die Yamasier, im Süden die Muskogees, die den spanischen Papisten gehorchen und von denen meine weiße Familie immer soviel Schlechtes erzählt hat. Und mein Schutzgeist flüstert, daß uns im Westen Gefahr droht.«

»Da unten am Meer wohnen auch die Bleichgesichter«, murmelte Kitomacken zögernd. »Und denen zu mißtrauen, hat man ja gelernt, besonders nach dem letzten Ereignis. Du weißt das ja auch, denn du bist doch von ihnen weggegangen. Wie wir wissen, gibt es Shawnees, die nicht mehr am Leben sind. Außerdem ist das Land sumpfig, und zu Fuß kommt man schwer durch. Aber nehmen wir uns aus dem Dorf eins von den Booten, so sind wir, sobald es Tag wird, so leicht zu sehen wie alle Blauhäher zusammen.«

»Dann rudern wir eben nachts«, antwortete Simudaikain und legte ihre Hand liebevoll auf sein Knie. »Du besitzt zwar noch nicht wieder deine volle Kraft, doch wenn wir rudern, kannst du sie leichter zurückgewinnen, als wenn wir uns mit unserem Gepäck durch den Buschwald quälen.«

Ich schwieg, hätte zwar gern zugestimmt, doch . . . Doch jetzt hörte plötzlich Bruder Biber Genage im östlichen Wald auf. Und von weither ertönte dafür das dumpfe Brüllen eines zweiten Berglöwen . . . Als darauf ein Geheul antwortete, wurde mir richtig schlecht. Dazu flüsterte dann noch mein Schutzgeist, daß unter Bruder Bibers Fittichen eine doppelt so schlimme Gefahr auf uns lauere als im fernen Westen.

Aber ich hatte meine Meinung gesagt und mußte nun zu ihr stehen. Und wenn mein Schutzgeist so widersprüchliche Warnungen von sich gab, so konnte ich nichts dafür, wenn ich einen Fehler machte . . . Außerdem besaß ich ja das Versprechen, daß Bruder Biber mich retten würde, wenn mir von einem Löwenrachen Böses drohte.

Ein Boot aus dem Dorf hatten wir uns schon besorgt, damit wir unsere Ausrüstung mitnehmen konnten. Nachdem wir unser Feuer gelöscht und mit einem nassen Laubzweig Sand über die Stelle gefegt hatten, stiegen wir ein. Dabei fiel mir auf einmal ein, daß wir Jay ja gar nicht nach ihrer Meinung gefragt hatten, aber dann dachte ich, daß sie eigentlich doch nichts weiter als unsere Gefangene sei. Sie kam auch widerspruchslos mit und nahm dort Platz, wo wir sie leicht im Auge behalten konnten. Dann stießen wir auf den nächtlichen Fluß hinaus, und Sterne und Strömung übernahmen die Führung. Wir ruderten das geschmeidige Boot aus Zypressenholz mit voller Kraft und freuten uns, wie schnell wir mit all unserem Gepäck vorankamen.

Als Kitomacken uns anhalten ließ, graute der Morgen. Der Fluß war jetzt etwas über eine Pfeilweite breit, und dort... Dort drüben auf der anderen Seite lag ein Dorf!

»In diesem Land muß ein böser Manitou herrschen«, murmelte Kitomacken. »Oder ewiger Krieg wie einstmals in dem mächtigen Reich des Volks der Susquehanna, die jetzt vom Erdboden vertilgt sind.« Auf sein Zeichen ruderten wir so schnell wir konnten hinüber, um vor dem

Sonnenschein da zu sein, der uns spähenden Augen verriet.

Zusammengefallene Häuser und wildes Gras, das mannshoch zwischen den Pfählen der Palisade wuchs! Hier hatte der Tod auch gewütet, aber schon vor mehreren Wintern.

Trotz der Gefahr, auf bösen Zauber zu treffen, wollte Kitomacken sich dort umsehen. Um seinen Atem gegenüber allem Heimtückischen, dem er begegnen konnte, zu reinigen, kaute er erst eine rohe Wurzel. Dann sprang er schnell an Land. Als er kurz darauf zurückkehrte, opferte er für alle Toten hinter sich Tabak und bat sie um Verzeihung. Denn wir seien doch nur Flüchtlinge und hätten keinesfalls vor, sie in ihrem Dorf zu stören.

Wir ruderten im Uferschatten zügig weiter. Dabei erzählte er uns flüsternd, als hätte er Angst, die Toten könnten ihn hören: »Hier sind alle Toten begraben. Und auf ihren Gräbern sind Sippenzeichen aufgerichtet. Doch alles deutet darauf hin, daß ein schwerer Kampf das Dorf verwüstet hat. An den Wänden und Baumstämmen sind viele Löcher, wie die Feuerbüchsen der *voapsits* sie machen. Es muß hier in diesem Land einen alles zerstörenden Manitou geben, vor dem wir uns in acht nehmen sollten.«

»Ja«, flüsterte Simudaikain, »wenn es nur nicht schon so spät für ein Entkommen ist . . . Paßt auf!«

Als sie mit dem Paddel nach hinten zeigte, sahen wir, wie flußaufwärts im Sonnenschein die Strömung pfeilartig um ein halbes Dutzend Boote zusammenschlug. Sie steuerten mit so schnellem Schlag auf uns zu daß es nur feindliche Verfolger sein konnten.

Löffel

19. Kapitel

Ohne ein Wort zu sagen, warfen wir uns in die Ruder und trieben unser Boot noch schneller voran. Es kam uns so vor, als flöge es durchs Wasser. Doch ich spürte bald im Rücken und in den Armen, daß wir schon die halbe Nacht gepaddelt hatten und müde waren. In den Booten unserer Verfolger saßen viele Männer, und die Boote trugen sonst keine Last. Es waren Erwachsene, starke Männer, während zwei von uns ja noch nicht ganz erwachsen waren. Jay war fast noch ein Kind, wie geschickt auch immer sie mit ihrem Ruder umzugehen verstand. Simudaikain war natürlich unvergleichlich. Und Kitomacken konnte sich trotz seines Hustens mit jedem anderen Mann messen.

Wir hielten den Abstand, doch die Angst, daß sie allmählich aufholen könnten, stieg.

Kitomackens Blick glitt von Ufer zu Ufer. Er suchte nach einem Platz, wo wir uns gegen eine fünfmal stärkere Übermacht verteidigen konnten. Ich merkte, wie er den Takt unseres Ruderschlags zu steigern versuchte, und wir folgten ihm auch dabei. Gleichzeitig spürte ich jedoch, daß unsere Kräfte diese Anstrengung nicht lange durchhalten würden. Aber noch jagten wir mit peitschendem Schlag über den in der Sonne glitzernden Fluß, während mehrere Pfeilweiten hinter uns der schweigende, haßerfüllte Kriegertrupp immer näher rückte.

Ich versuchte zwar, mir einzureden, daß sie nicht näher kämen, doch als ich wieder nach hinten schielte, konnte ich ohne Schwierigkeit die Männer in ihren Booten zählen. Und als sie um die nächste Flußwindung bogen, hatten sie noch mehr aufgeholt. Sie wagten sogar, das Schilf zu streifen, ohne Angst zu haben, auf Grund zu stoßen. Offenbar kannten sie sich hier in der Gegend gut aus und wußten, daß sie dabei kein Risiko eingingen.

Kitomacken röchelte jetzt beim Atemholen, doch seine Arme kämpften unermüdlich weiter. Ich selber fühlte wieder den lähmenden Schmerz des nadelfeinen Blasrohrpfeils in mir bohren. Und Jay keuchte vor Müdigkeit, obwohl sie tapfer unseren Takt hielt. Nur Simudaikain schien unberührt von allem, wenn auch ihr Körper vor Schweiß glänzte.

»Da!«

Weit vor uns, wo ein Zufluß aus dem Norden mündete, war durch einen Windbruch eine große, vorspringende Halbinsel aus umgestürzten und entwurzelten Bäumen entstanden. Das bot Schutz und Raum zur Verteidigung ... Als unsere Verfolger erkannten, wohin wir flohen, da hörten wir sie zum erstenmal böse Drohungen ausstoßen. Gleichzeitig schlug eine Kugel in unser Kielwasser ein, wir schauerten unwillkürlich zusammen. Aber dann waren wir schon aus ihrer Schußweite heraus und arbeiteten uns weiter voran. Immer näher sahen wir den Windbruch kommen, viele große Stämme kreuz und quer übereinander auf der hohen Sandbank.

Obwohl wir todmüde waren, peitschten wir das Wasser immer noch mit der gleichen Geschwindigkeit und hörten dabei die Meute unserer Verfolger näher und näher kommen. Dann krachte wieder eine Büchse, doch die Entfernung war noch zu groß. Am Ufer krochen große Echsen, wir ruderten geradewegs auf sie zu. Wir schrien aus Leibeskräften und konnten sie damit vertreiben.

Als wir an Land gesprungen waren, zog Kitomacken unser Boot quer auf die Landzunge, so daß es unseren

Schutz an der niedrigsten Stelle verstärkte. Dann baute er sich davor auf und befahl uns an seine Seite. Wir mußten ihm dabei helfen, unsere Säcke und Mäntel in die Lücken neben dem Boot zu stopfen. Nach einer gewissen Zeit sahen wir dann Boot für Boot vorbeifahren, wobei sie Büchsen und Pfeile auf uns abfeuerten. Doch alles flog in hohem Bogen über uns hinweg in die Uferböschung.

Dann bereiteten wir uns vor. Steckten Pfeile vor uns in den Boden, um sie schnell zur Hand zu haben und nicht umständlich in dem Köcher hantieren zu müssen. Ich dankte meinem Manitou, daß wir uns in dem verlassenen Shawnee-Dorf so gut mit Pfeilen und Waffen versorgen durften. Kurz darauf sahen wir die Boote landen. Die Männer, alles Katavbe, sprangen heraus und rannten brüllend auf uns zu . . .

Das Gute an einem Bogen ist, daß er viermal schneller als eine Büchse schießt. Und so hatte der Flintenschütze der Katavber keine Chance gegen uns. Unsere Pfeile brachen wie der Tod in ihren Haufen ein. Ja, sogar Jays Blasrohr ließ einen Krieger schreiend nach hinten taumeln und auf die Böschung stürzen.

Eine Woge von Männern quoll auf uns zu. Als die ersten uns erreicht hatten, stolperten die nächsten schon über die eigenen Gefallenen, rollten übereinander und verletzten sich gegenseitig. Ein einziges großes Ziel für unsere Pfeile. Alle, die zu dicht an uns herankamen, traf entweder Kitomackens oder meine Keule, oder sie wurden von Simudaikains kleinem Beil niedergestreckt. Bald zogen sie sich mit einem halben Dutzend Verwundeten, die sie mit sich schleppen konnten, zurück. Wir keuchten erschöpft, doch Kitomacken zwang uns, Sand zwischen die Stämme zu streuen und alle feindlichen Pfeile zu sammeln und ordentlich aufzustellen. Dann knallte wieder eine Büchse, kurz darauf noch eine zweite, und Kugeln pfiffen über uns hinweg oder bohrten sich in die Stämme. Während wir noch nach Luft schnappten und uns nicht rührten, hörten wir die enttäuschten, wütenden Schreie der Krieger und das Jammern der Verwundeten. Jay lag auf dem Bauch und weinte.

»Ist das nicht das Volk, bei dem du gelebt hast?« fragte ich flüsternd. »Dann brauchst du doch keine Angst zu haben. Als unsere Gefangene läufst du keine Gefahr.«

Doch sie blickte nur kopfschüttelnd auf ihre Blasrohrpfeile.

»Nein, ich will eine Shawnee sein. Und lieber sterben, als daß ich mich noch einmal in das Verschlossene Haus bringen lasse . . . Da mußt du mich vorher töten!«

Als sie dann meinen Arm packte, wußte ich nicht, was ich antworten sollte. Doch weil mich ihre Augen so fordernd ansahen, nickte ich schließlich, ohne zu wissen, was ich damit eigentlich gesagt hatte. Und dann wandte ich mich schnell ab.

Wir lagen ganz still und sammelten Kräfte. Von weither hörten wir die Rufe, und ab und zu sausten Pfeile und Kugeln in unsere Richtung. Kitomacken unterdrückte seinen Husten und lauschte. Er robbte zur Brustwehr hinüber, horchte wieder und winkte uns zu sich. Beunruhigt schüttelte er den Kopf.

»Unmittelbar vor uns höre ich keinen Laut. Nur frage ich mich, ob sich nicht ein paar hierherschleichen und sich dann plötzlich auf uns werfen, während die anderen uns solange mit ihren Schreien und Schüssen ablenken.«

Mit gespanntem Bogen standen wir bereit. Dabei hielten wir jetzt Abstand von unserem Schutzwall. Plötzlich waren sie da. Ein Haufen finsterer Gestalten sprang vor uns auf. Sie packten die Stämme und wälzten sich hinter die Brustwehr, wo sie uns vermutet hatten. Mehrere schafften es nicht und fielen mit Pfeilen im Leib wieder zurück. Aber anderen glückte es, doch Kitomackens Keule zerschmetterte einem den Schädel, während ein anderer mit einer gelbroten Pfeilfeder in der Brust liegenblieb. Die restlichen Krieger flohen so schnell, wie sie gekommen waren.

»Die Nuß war zu schwer für sie zu knacken«, keuchte der *iila*, als er sich hinsetzte. »Mit dieser List haben sie vergeblich versucht, uns zu überrumpeln. Nicht einen *iila* der Lenape. Jetzt haben sie es so dick bekommen, daß sie uns wohl nicht noch einmal von Brust zu Brust angreifen werden und dabei riskieren, noch mehr Männer zu verlieren. Ein halbes Dutzend ihrer Leute haben wir verwundet, vielleicht auch mehr. Ganz abgesehen von den beiden, die ihre Skalpe eingebüßt haben. Aber seid auf der Hut. Möglicherweise haben sie etwas anderes ausgeklügelt. Ja, seht . . . los . . . schnell in Deckung!«

Während er sich unter einen Stamm rollte, kratzte er mit den Händen den Sand weg, um so dicht wie möglich an die schützende Brustwehr heranzukommen. Ohne überhaupt etwa zu begreifen, machten wir anderen es genauso. In meinem Spann brannte es, und ich hörte Simudaikain aufschreien. Erst als ich dort im Schutz lag, sah ich, wie der Sand vor unserer Schanze mit Pfeilen gespickt wurde, die mit solcher Kraft aufschlugen, daß sie sich tief in den Boden bohrten. Die Katavber hatten sich auf den Rücken gelegt und schossen ihre Pfeile senkrecht in die Luft, damit sie uns innerhalb unserer Brustwehr trafen. Doch weil die Stämme viele Äste und Auswüchse hatten und teilweise übereinander lagen, hatten wir zu unserem Schutz eine richtige Höhle.

Wie Blumen in einem Beet ragten kurz darauf die Pfeilfedern aus unserer Wehrschanze. Als der Pfeilregen abzunehmen schien, lächelte uns Kitomacken schlau an und stieß dann einen entsetzlichen Schmerzensschrei aus. Die Geschosse kamen sofort wieder dichter angeschwirrt.

Wir warteten noch eine Weile, bis es ruhiger geworden war. Hörten verbitterte Stimmen und das Stöhnen der

Verwundeten, und hin und wieder kam auch noch ein Pfeil. Schließlich fragte ich den *iila*, was sie wohl nun noch ausprobieren könnten, doch er schüttelte seinen Kopf.

Dann starrten wir uns verwirrt an. Wir hörten nämlich, daß sich die Schreie zu ihrer Landestelle hin entfernten, und als wir vorsichtig über die Brüstung spähten, sahen wir sie ihre Verwundeten behutsam an Bord bringen.

Und dann sahen wir die ganze Flotte abstoßen und still nach Westen den gleichen Weg zurückrudern, den sie gekommen war. Ich schrie vor Begeisterung »Hurra«, doch Kitomacken packte mich am Fuß und warf mich auf den Bauch.

»Bist du denn verrückt geworden, Amisko? Wenn du so weiter machst, wirst du nicht mehr lange leben!« warnte er mich. »Du darfst doch nicht glauben, daß sie so leicht aufgeben. Da lauert bestimmt noch ein Haufen im Gebüsch, der nur darauf wartet, daß wir vorbeikommen und eine prächtige Zielscheibe für sie abgeben. Sammele lieber die Pfeile zusammen und stell sie ordentlich auf. Und du, Mädchen, setz dich an den Kessel, damit wir etwas zu essen kriegen. Seid ihr alle unversehrt?«

Als ich ihm meine Schramme zeigte, kam Jay jammernd herbei und legte mir einen Verband an, der das Blut stillen sollte.

Simudaikain, die sich ihre Verletzung an der Stirn selber verbunden hatte, half mir, die Pfeile zusammenzusuchen und schußbereit aufzustellen. Ganze Bündel brachten wir zusammen. Mit einem Beil spitzte Kitomacken dann alle Zweige an, die er erreichen konnte, und steckte sie zur Abwehr zwischen die Stämme.

Wir hielten abwechselnd Wache und ruhten uns aus. Es war, als wäre die Zeit stehengeblieben.

Plötzlich fuhren wir zusammen; denn es kamen wieder Pfeile angeschwirrt, und zwar diesmal schräg über die Brustwehr. Weil uns jetzt die Sonne im Westen blendete, hatten wir nicht gesehen, wie mehrere Männer auf einen Baum geklettert waren und uns von oben anzugreifen versuchten. Doch wir saßen so gut geschützt, daß sie bald aufgaben.

»Bis es dunkel wird, läuft alles recht gut für uns«, murmelte Kitomacken seufzend. »Aber dann müssen wir uns auf ein Wettrudern gefaßt machen oder uns mit unserem Boot heimlich absetzen. Dabei wird es um jede Sekunde gehen. Aber wenn wir unser Leben retten wollen, bleibt uns nichts anderes übrig. Ich möchte versuchen, das Boot auf der anderen Seite der Landzunge ins Wasser zu setzen und dann flußaufwärts zu rudern, was sie vielleicht irreführt . . .«

Wir verstummten. Denn jetzt kamen die Boote der Katavber zurück, und im Vorbeirudern schwirrten wieder Schwärme von Pfeilen auf uns nieder. Wir schossen zurück, doch sie kamen noch näher heran. Schließlich landeten sie wieder am Ufer oberhalb unserer Landzunge. Uns war natürlich klar, daß sie nur die Dunkelheit für einen neuen Überfall abwarten wollten. Darum banden wir inzwischen Reisig zu Bündeln zusammen, die wir anzünden und über den Schutzwall werfen wollten. Damit wollten wir ihren Angriff abwehren und gleichzeitig die andere Seite der Landzunge verdunkeln, um unser Boot unbemerkt zu Wasser lassen zu können.

Dahinten schien alles ruhig zu sein, doch plötzlich sahen wir die ganze Flotte wieder in voller Fahrt mitten auf dem Fluß.

»Halten die uns eigentlich für dumme Jungen«, schnaubte ich, »die man immer mit den gleichen blöden Tricks an der Nase herumführen kann?«

»Nein, sieh doch mal!«

Wir starrten gebannt auf den Fluß.

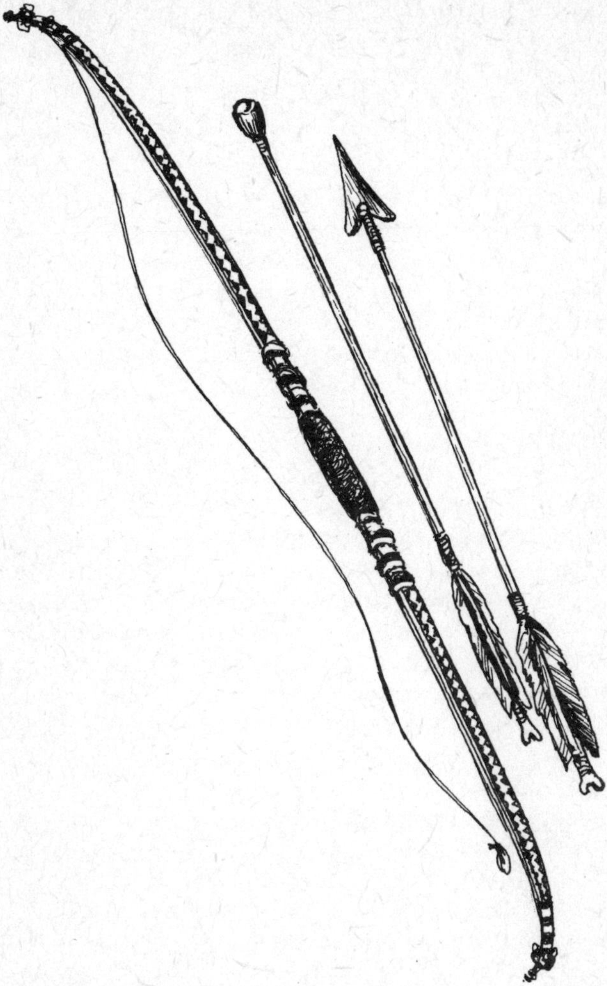

Bogen – Vogelpfeil – Kriegspfeil

20. Kapitel

Eine Menge von Booten kam den Fluß herauf, mindestens ein Dutzend! Aber die Männer an Bord waren keine Katavbe. Es waren hochgewachsene Männer, die auch nicht die Röcke der Völker des Südlands trugen, sondern einen *kuiwan* wie wir zwischen den Beinen hängen hatten. Und auf ihren Scheiteln saßen Federkronen, die sie noch größer machten.

»Nein, aber sind das nicht ... So schmückt sich kein Volk, das ich gesehen habe, außer den ...«

»Shawnees!«

Kitomacken, der näher ans Ufer getreten war, erhob die Friedenshand und zerbrach als Zeichen der Freundschaft einen Pfeil in seinen Händen. Dann rief er sie an. Zunächst sah es so aus, als ob sie die Jagd auf die Katavber fortsetzen wollten, doch dann siegte die Neugier. Sie musterten uns mißtrauisch, besonders als sie Jays spitzen Scheitel bemerkt hatten. Schließlich ruderte der Vornehmste von ihnen an Land und forderte uns mit einem Zeichen auf, näher zu kommen.

»Noch nie hat sich eins der Völker aus dem Norden hier auf unserem Fluß gezeigt. Kommt näher und beweist die Wahrheit eurer Worte. Einer von euch hat bleiche Haut und ein Mädchen einen Katavberscheitel.«

Nachdem Kitomacken seine Waffen abgelegt hatte, schritt er ans Ufer. Wir folgten ihm; denn gegen diese Horde war jeder Widerstand zwecklos. Die einzige Möglichkeit war, ihr Vertrauen zu erwerben. Mindestens fünfzig Waffen umringten uns. Und das Volk der Shawnee stand in dem Ruf, das hartgesottenste auf der ganzen Erde zu sein.

Der Kriegshäuptling, der Opessa hieß, streckte Kitomacken gemessen seine Hand entgegen. Er wirkte ungewöhnlich zart und feingliedrig neben seinen breitschultrigen, kräftigen Begleitern. Nach einem schmeichelnden Wortschwall berührte er die blaue Schildkröte und den großen Bären auf Kitomackens Brust.

»Ja, hier steht einer aus dem Volk der Lenapen vor uns. Lenape, die unsere Väter mit Ehrfurcht ihre ehrenwerten Oheime nannten und denen sie in ihrer Ratsversammlung den Ehrenplatz gaben ...«

Dann wandte er sein Gesicht zu mir und schaute mich ohne Feindschaft an. Dabei berührte er auch meine Tätowierungen, die mich ebenfalls als Kind der Schildkröte auswiesen. Er nickte.

»Seit langer Zeit leben wir mit den bleichhäutigen *voapsits* in Frieden und Freundschaft, und jeder von ihnen hat freien Zugang zu unserem Land ...«

Aber dann stieß er Jay, ohne sie anzufassen, mit einer Handbewegung zurück. Und eiskalt kam sein Urteil.

»Doch keinen Katavber, weder Mann noch Frau, dulden wir unter uns. Die unterstehen dem Richtspruch der Todesfrauen.«

»Ich bin als eine Shawnee geboren«, versicherte Jay in der Sprache ihres Volks. »Meine Mutter hat immer gesagt, ich sei eine Shawnee. Und ich bin mit meinen Freunden hier vor den Katavbern geflohen, um bei euch als eine Shawnee zu leben. Daß mein Kopf so aussieht, dafür kann ich nichts. Das haben die Katavber getan, nachdem sie mich und meine Mutter gefangen hatten.«

Als sie sie zweifelnd betrachteten, legte ich meine Hand schützend auf ihren Scheitel.

»Sie ist meine Frau und geht den gleichen Weg wie ich. Und darum sollte er ihr auch bei euch offenstehen.«

»Ja, genauso offen wie für meine Frau der Weg ist«, erklärte Kitomacken und faßte Simudaikains Hand. Worauf sie scheu und zweifelnd zu ihm hinaufsah. Ich staunte. Diese beiden hatten sich bestimmt ihr ganzes Leben lang gesucht. Und auf einmal verstand ich auch, warum Kitomacken unser Dorf verlassen und sich auf diesen törichten Kriegspfad begeben hatte. Und auch, warum Simudaikain, unbeugsam wie immer, seinen Spuren gefolgt war.

Opessa lächelte ahnungsvoll. Zum Zeichen der Freundschaft legte er seine Hand auf unsere Schultern und sagte: »Wir freuen uns, daß wir euch, die Freunde meines Volks, getroffen haben. Nehmt es nicht übel, wenn wir streng sind und alles genau prüfen. Wir folgen nämlich der Spur des Todes. Die Yamasier haben ein Dorf von uns ausgerottet. Und hundertundfünfzig von unserem Volk haben wir verloren, wo unsere Zahl ohnehin schon abnimmt und wir ständig verfolgt werden.«

Als Kitomacken mich ansah, nickte ich zustimmend. Es war bestimmt am besten, gleich die Wahrheit zu sagen.

»Wir kommen gerade aus dem überfallenen Dorf«, berichtete der *iila.* »Ihr werdet viele Dinge, die wir uns dort genommen haben, in unseren Booten finden. Denn wir sind nur mit dem nackten Leben den Katavbern entkommen. Aber wir haben eure Toten in ihre Hütten gelegt, um sie vor den Raubvögeln zu schützen. Wir haben ihnen als Geleit für ihre Himmelswanderung ein Feuer angezündet und ihnen Wegzehrung für ihre letzte Reise in die Heimat der Geister hingestellt.«

Der Shawneehäuptling stutzte, nickte dann aber nachdenklich. »Wir haben gesehen, daß jemand das getan hat, wovon du sprichst. Und zwar ein paar Tage, nachdem unsere Brüder gefallen sind. Wir wissen auch, daß das keine Feinde gewesen sein konnten. Wir waren sehr verwundert, doch jetzt verstehen wir es. Nehmt als Geschenk, was die Toten euch hinterlassen haben.«

»Und die beiden Katavberskalpe, die ihr genommen habt, und die Verwundeten, die wir in den Booten der Fliehenden gesehen haben, beweisen uns eure Freundschaft zu uns und zu den Toten. Wir hätten unsere Feinde bis in den Tod verfolgt, wie es die Sitte gebietet. Doch jetzt ist es unsere vornehmste Pflicht, Rache an den Yamasiern zu nehmen, die uns so übel mitgespielt haben.«

»Besser ist, ihr kundschaftet erst einmal aus, ob sich diese hundert Gefangenen tatsächlich in den Dörfern der Yamasier befinden, ehe ihr die Kriegstrommel schlagt«, erwiderte Kitomacken. »Einer der Toten hat euch eine Botschaft hinterlassen. Ein starker, älterer Mann mit mehreren Narben im Gesicht lebte noch, als wir kamen. Er behauptete, weiße und schwarze Männer hätten den Überfall begangen. Und mit seiner letzten Kraft hat er dann die Bilderschrift, die den Yamasiern die Schuld zuschreibt, heruntergerissen.«

Alle starrten uns verwirrt an und wiegten mißtrauisch ihre federgekrönten Scheitel, während Opessa berichtete: »Seit wir an diesen Fluß gekommen sind, also lange vor meiner Geburt, waren die Weißen unsere Freunde. Wie Brüder haben wir zusammen gekämpft und ihnen gegen die Spanier im Süden beigestanden. Warum sollten sie uns da Böses antun? Aber der Mann, von dem du sprichst, muß Spemikalavba, der Hirschfuß, sein. Er besitzt einen sehr starken Geist.«

»Kann ihn vielleicht ein böser Manitou so in seine Gewalt bekommen haben, daß er nicht mehr wußte, was er sagte?«

Nachdenkliches Schweigen. Kitomacken wies noch einmal darauf hin, wie merkwürdig ihm die Waffen vorgekommen seien, mit denen die Shawnees getötet worden waren. Da wurde das Schweigen noch drückender.

Schließlich fuhr Kitomacken fort: »Dieser Mann war tödlich verwundet, und nur sein starker Manitou hat ihn solange am Leben gehalten, bis wir gekommen sind. Denn er wollte es jemanden anvertrauen, bevor er starb. Ich habe nun seine Worte an euch weitergegeben. Vielleicht ist das ein Grund, erst einmal einen sicheren Beweis zu beschaffen, ehe ihr gegen die Yamasier auszieht. Wir sind alle Manitous rote Kinder. Und alle stehen wir unter der Bedrohung der Bleichgesichter, die ans Meer drängen, Wälder töten und nicht das heilig halten, was wir achten. Vielleicht ist das eine größere und bösere Gefahr für uns, als wir uns vorzustellen vermögen.«

»Ich werde alles Gouverneur Lawson vortragen, der ist immer ein freundlicher und zuverlässiger Mann gewesen«, erklärte Opessa. »Und wir werden nach Beweisen suchen. Aber jetzt laßt uns heimziehen. Wenn dies auch ein Trauertag war und unser Volk sich um ein ganzes Dorf verringert hat, so haben wir doch die Freude erlebt, unseren berühmten Verwandten aus dem Norden zu begegnen. Und aus ihrem Mund erfuhren wir, daß viele Hunderte unseres Volks sicher in ihrem Land leben. Und das ist gut zu hören.«

Damit nahmen wir alle unsere Sachen, die uns jetzt wirklich gehörten, um unseren neu gewonnenen Freunden in ihr größtes Dorf, Killikote, zu folgen, das einen halben Tagesmarsch stromabwärts am Savanna-Fluß lag. Dort wollten wir uns von all den Gefahren des roten Kriegspfads ausruhen, dem wir schon mehr als vier Mondumläufe gefolgt waren. Oben bei uns im Norden war jetzt der Zuckersaftmonat.

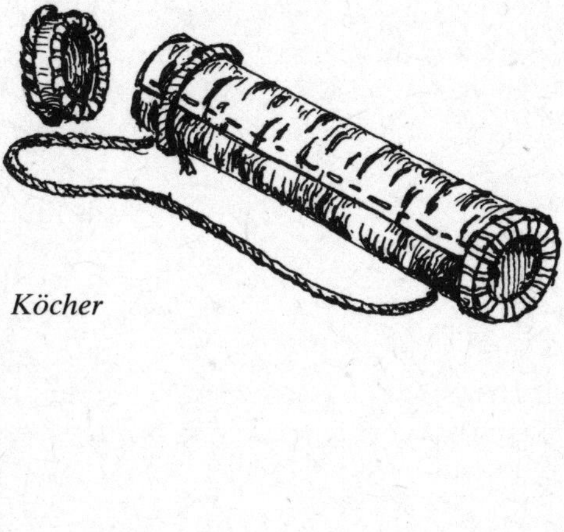

Köcher